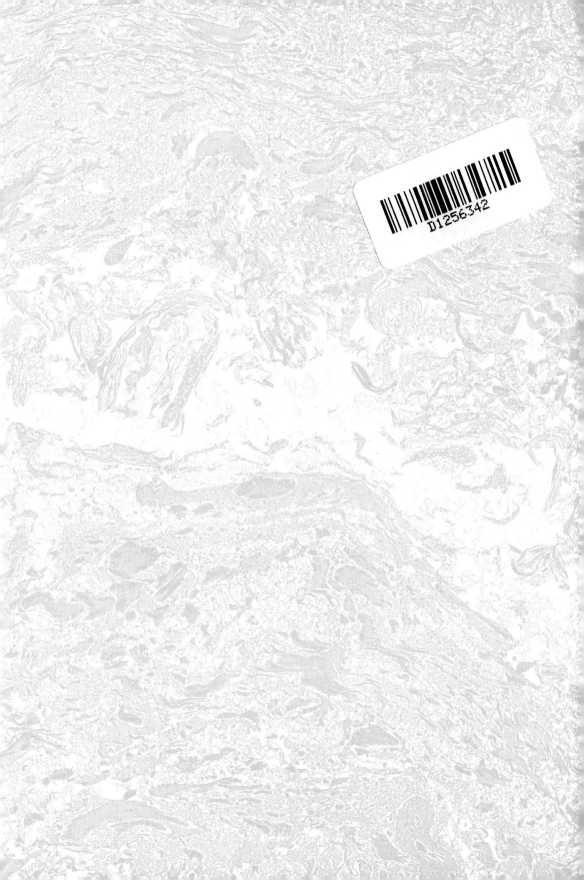

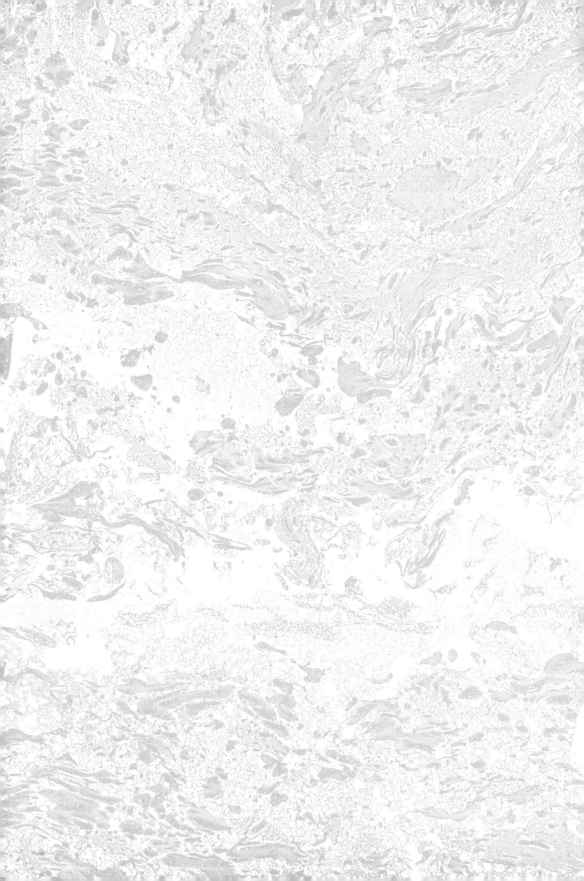

MUSEO JUMEX

DAVID CHIPPERFIELD ARCHITECTS

17
Prefacio / Foreword   Eugenio López Alonso

27
Un museo diferente /
A different museum   Patrick Charpenel

35
Museo Jumex,
entre innovación y tradición /
Museo Jumex,
between tradition and innovation   Miquel Adrià

71
Reflexión en conversación /
Reflection in conversation   Hans Ulrich Obrist & David Chippefield

151
Simulacro y simbolismo
en el México contemporáneo /
Simulacra and symbolism
in contemporary Mexico   Beatrice Galilee

165
Dibujos / Drawings

209
Apéndice / Appendix

Eugenio López Alonso

Prefacio

Hablando puramente de estética, el museo es el sueño de un arquitecto. Tiene –como una iglesia– que hacer feliz al visitante para ponerlo en un estado mental receptivo mientras está sujeto a una experiencia emocional.
–Philip Johnson

Este museo marca el final de un largo camino, pero también el inicio de una nueva etapa para la Fundación Jumex y para mí. Cuando comenzamos la Colección Jumex en 2001, no teníamos en mente la creación de un museo. Nuestro fin era coleccionar el arte que no estaban viendo las instituciones culturales de nuestro país y apoyar a los jóvenes artistas que emergían con una nueva energía y que empezaban a hacerse notar en el mundo del arte contemporáneo.

Durante más de diez años trabajamos desde la Galería Jumex en Ecatepec, Estado de México, montando exposiciones de artistas nacionales e internacionales, con curadores locales y foráneos, para brindarle al público mexicano un espacio idóneo de exhibición y conocimiento de estas propuestas artísticas. Pero con el tiempo, y tras numerosas exposiciones, nuestras metas cambiaron y crecieron. Nos dimos cuenta de que para poder compartir este trabajo con un público más amplio tendríamos que estar físicamente más cerca, encontrarnos en un lugar más accesible.

Fue así como hace cinco años entramos en esta aventura de imaginar un museo, de pensar en qué y cómo podríamos compartir nuestro entusiasmo por el arte contemporáneo con todos. Así dimos inicio a una gran investigación, visitando muchos recintos culturales y entrevistando a un gran número de especialistas en museos. Formulamos, entonces, las siguientes preguntas: ¿Qué elementos de ciertos museos podríamos retomar y cuáles no funcionan? ¿Qué tamaño, qué características y qué materiales serían los ideales para encarnar nuestra visión? Y fue así como Vicente Todolí, el exdirector de Tate Modern sugirió a David Chipperfield.

En esa época David Chipperfield acababa de terminar la renovación del Neues Museum en Berlín; y poco tiempo antes había completado el Museo Liangzhu de China y el Museo de Literatura Moderna en Alemania, ambos proyectos de gran elegancia y sensibilidad. Así que una vez que dimos con David Chipperfield y visitamos sus museos, la decisión de trabajar con él fue muy fácil.

El proceso de diseño fue muy colaborativo. Creo que David realmente escuchó nuestras necesidades y esto se puede ver en el resultado; cada detalle está cuidadosamente pensado, siempre tomando en cuenta el contexto en el que nos encontramos. Estoy sumamente feliz y orgulloso de haber creado un museo con instalaciones de nivel internacional. El diseño es prístino, moderno y recatado, ideal para exhibir una gran variedad de piezas. Las salas, como bien dijo Philip Johnson, son espacios que permiten entrar en un estado receptivo, de contemplación y felicidad. Prueba de ello es el tercer piso del Museo Jumex, en donde los techos altos y tragaluces que iluminan el espacio con luz natural nos brindan un espacio propicio para la observación.

Y aún más inspirador es ver cómo cambian los mismos espacios para satisfacer diferentes propósitos. A lo largo de nuestro primer año hemos presentado una gran variedad de muestras y cada vez el montaje me hace apreciar algo nuevo de este edificio. Será magnifico ver cómo, en el futuro, las salas seguirán cambiando para mostrarnos sus diferentes facetas y nos brindarán un lugar ideal para apreciar, contemplar y reflexionar sobre el arte contemporáneo.

Eugenio López Alonso

Foreword

Purely aesthetically speaking, the museum is an architect's dream. He has—as in a church—to make the visitor happy, to put him in a receptive frame of mind while he is undergoing an emotional experience.
—Philip Johnson

This museum marks the end of a long journey, but also the beginning of a new phase for the Jumex Foundation and for me. When we started Colección Jumex in 2001, we were not thinking about creating a museum. Our goal was to collect the art that wasn't being collected by cultural institutions in our country and support the young artists that were emerging as a new force that was beginning to be noticed internationally.

For more than ten years we worked from the Galería Jumex Ecatepec, in the State of Mexico, organizing exhibitions of national and international contemporary artists, with local and foreign curators, to provide the most suitable place for the Mexican audience to get to know and see these artworks. But as time passed and after numerous exhibitions, our goals changed. We realized that in order to share these wonderful works of art with a wider audience we had to be physically closer to the public; move to a more accessible location.

That is how, five years ago, we embarked on this adventure of imagining a new museum, thinking how we could share our enthusiasm for contemporary art with everyone. We began with an extensive investigation, we visited many cultural institutions, and we interviewed many museum specialists. We then formulated a series of questions. What elements from certain museums should we embrace and which didn't work? How big, what characteristics, what materials would be the ideal ones to build our vision? That is how Vicente Todolí, Tate Modern's former director, suggested David Chipperfield.

At that time, David Chipperfield had just finished his renovation of the Neues Museum in Berlin, and shortly before, he had completed the Liangzhu Museum in China and the Museum of Modern Literature in Germany; all of them, works of great elegance and sensitivity. Therefore, once we arrived at David Chipperfield and we visited his museums, the decision to work with him was extremely easy.

The design process was very collaborative. I think that David really listened to our needs and that can be discerned in the final result, in which every little detail has been carefully thought through, he always kept in mind our immediate context. I am extremely happy and proud of creating a museum with facilities on a par with the best museums in the world. The design, which is pristine, modern and modest, allows us to exhibit a great variety of pieces without a hitch. As Philip Johnson rightly said, galleries should be spaces that allow us to enter a receptive state, one of contemplation, of happiness and awe, and I think that the galleries at Museo Jumex do just that. The third floor gallery, for example, with its high ceilings and skylights that flood the space with natural light, fills us with a sense of wonder.

More inspiring still is to see how the same space changes to adapt to different needs. Over the course of our first year we have had a great variety of exhibitions, and each time, their design makes me appreciate a different aspect of this great building. It will be very exciting to see how, in the future, the galleries will keep changing to show us different facets and the museum becomes the ideal space to appreciate, contemplate, and reflect upon contemporary art.

Patrick Charpenel

Un museo diferente

La ciudad de México es una de las capitales políticas y centros económicos que concentran el mayor número de museos en el mundo. En este contexto de proliferación global, es interesante ver la industria cultural que se despliega a través del Instituto Nacional de Bellas Artes (INBA) y del Instituto Nacional de Antropología e Historia (INAH), así como del complejo de recintos culturales de la Universidad Nacional Autónoma de México (UNAM). Es decir, en México el arte y la cultura son principalmente responsabilidad del Estado, sea de forma directa con apoyo del gobierno central o a través de las universidades públicas que operan con recursos del sistema hacendario.

Sin embargo, recientemente la sociedad civil ha dado pasos importantes para balancear la oferta de plataformas de expresión, reconfigurando el tejido de los servicios en materia de museos, bibliotecas y auditorios. Ejemplo de ello es el Museo Jumex, construcción destinada al arte contemporáneo que abrió sus puertas el 19 de noviembre de 2013 en la colonia Ampliación Granda de la capital mexicana.

Así como un importante grupo de museos y centros culturales del mundo que han corrido con la suerte de haber sido conceptualizados por importantes arquitectos (quienes ven a los museos como una prueba de fuego de su experiencia y capacidad creativa), como el Centre Pompidou en París, el Guggenheim en Nueva York y Bilbao, Tate Modern en Londres, y el New Museum of Contemporary Art en Nueva York, el Museo Jumex es obra del reconocido arquitecto británico David Chipperfield. Su visión dio lugar a una edificación de 6,660 m^2 de construcción, compuesta por dos galerías, un espacio multidisciplinario, un café y una librería que, en su conjunto, dan fluidez a su estructura. Con una paleta de materiales limitada (mármol, acero inoxidable, concreto y vidrio) el edificio se erige como un monumento imponente sobre una calle plagada de torres y plazas comerciales. Su lenguaje elegante y silencioso logra que la masa de materiales se haga presente sin recurrir a artificios superficiales, dando, en cambio, una clara notoriedad a los picos industriales que coronan su figura.

Pero la arquitectura sólo existe y se hace real, en sentido pleno, si logra responder a las necesidades materiales y simbólicas de un contexto cultural específico. Sólo bajo esta premisa una construcción opera exitosamente y cumple una función socialmente responsable. David Chipperfield investigó con profundidad las condiciones climáticas, urbanas, econó-micas, institucionales e históricas de la ciudad de México y entendió su línea particular de desarrollo, así como sus políticas públicas barriales. A partir de ahí concibió un edificio para promover el arte contemporáneo.

La raíz etimológica de la palabra "museo" nos remite a "musa", o templo erigido a ellas; el lugar donde las musas viven y se manifiestan en pleni-tud. La inspiración de los artistas se materializa haciendo de los museos el espacio donde sus ideas se expresan y cumplen una función social. Así, el museo es un establecimiento al servicio de la gente, abierto a todo tipo de público, donde se colecciona, conserva, educa, investiga y comu-nica la evidencia material del ser humano, así como su compleja visión de la naturaleza. Es, pues, la estructura que regula las relaciones, circu-lación, intercambio y consumo de la cultura. En la posmodernidad, esta estructura designa una tendencia a dirigir los contenidos de un museo en dirección de lo *particular*, de lo pequeño y diferente, en oposición a lo *universal*, a lo grande o igual. Esto implica una suerte de "localismo" que alude a una abierta fragmentación del mundo actual.

El Museo Jumex sigue esta línea de acción "localista", reconociendo las expresiones y creaciones provenientes de otras latitudes, pero so-bre todo, pensando en la especificidad cultural de la ciudad de México como un punto de tensión único, con especial atención en las activida-des relacionadas con las carencias y singularidades de esta ciudad y de este país. Esto permite conectar con los individuos de forma diferente, facultando la comprensión de diversos productos artísticos expuestos en sus espacios públicos. Así, la arquitectura del Museo Jumex se convierte en la plataforma de experimentación sobre la que se realizan proyectos especiales (exposiciones, conferencias, talleres, performances, etc.) que adquieren un tinte original.

De este modo, sobre el complejo entramado de museos e instituciones culturales que operan en la ciudad de México, el Museo Jumex, junto a la Fundación Jumex Arte Contemporáneo, se erige como una nueva y radical alternativa de producción, exhibición e investigación artística, cubriendo algunos de los vacíos que existen en esta región latinoameri-cana. Su edificación es la expresión perfecta de su filosofía, de su visión y misión, claramente distinto de la oferta de museos de esta gran capital.

Patrick Charpenel

A different museum

Mexico City is not only one of the world's most important political and economic centers, it also holds the largest number of museums. In this context, it is interesting to observe how Mexico's cultural industry is articulated through the Instituto Nacional de Bellas Artes (INBA) [National Fine Arts Institute], the Instituto Nacional de Antropología e Historia (INAH) [National Institute of Anthropology and History], and a group of cultural centers that are part of the Universidad Nacional Autónoma de México (UNAM) [National Autonomous University]. In other words, in Mexico, art and culture are primarily the responsibility of the state, be it directly through the support of the central government, or via public universities that operate with tax revenue.

Recently, however, Mexico's civil society has taken important steps to balance the offering of cultural venues and activities, reconfiguring the fabric of cultural services such as museums, libraries and auditoriums. An example of this is the Museo Jumex, a building that opened its doors on November 19, 2013, in the Ampliación Granada neighborhood of the Mexican capital, and was created specifically to house contemporary art.

Just like other important international museums and cultural centers that have been fortunate enough to have been conceptualized by important architects (who see museums as the ultimate test) of their experience and creativity), such as the Centre Pompidou in Paris, the Guggenheim museums in New York and Bilbao, the Tate Modern in London and the New Museum of Contemporary Art in New York, the Museo Jumex is the work of the renowned British architect David Chipperfield. Chipperfield's vision resulted in an 6,660m² building, comprised of two galleries, an multipurpose space, a café, and a bookstore. With a limited palette of materials (marble, stainless steel, concrete and glass), the building stands as an imposing monument on a street crowded with corporate towers and malls. Its elegant and silent language achieves a certain presence without resorting to superficial devices, and is highlighted by the serrated roof that crowns the building.

But architecture only exists and becomes real, in its fullest sense, if it manages to respond to the material and symbolic needs of a specific cultural context. Only under this premise, can the building operate successfully and fulfill a socially responsible role. David Chipperfield carried out a thorough investigation of the environmental, urban, economic, institutional, and historical conditions of Mexico City. He understood its unique way of growing and its neighborhood policies, and based on that, he conceived a building dedicated to contemporary art.

The etymological root of the word "museum" comes from "muse," or the temple erected in the muses' honor; a place where they live and can manifest fully. Therefore, artists' inspiration materializes in "museums," making them the space where their ideas are expressed and where they fulfill a social function. Thus, the museum is an establishment that serves the people, one that is open to everyone, where we collect, conserve, investigate and communicate the material evidence of humanity. It is, then, the structure that regulates the relationships, circulation, exchange and consumption of culture. In this postmodern world, this structure designates a tendency to direct the content of a museum toward the *particular*, to the small and different, instead of to the *universal*, the large or the same. This implies a type of "localism" that alludes to an open fragmentation of the world today.

The Museo Jumex follows this "localist" action, recognizing expressions and creations from other latitudes, but most of all, thinking of the cultural specificity of Mexico City as a unique point of tension which focuses our attention to activities related to the needs and peculiarities of this city and country. This allows us to connect with individuals in a different way, creating a space for them to understand a variety of artistic outputs exhibited in its public spaces. Thus, the architecture of the Museo Jumex becomes a platform for experimentation through which we carry out special projects (exhibitions, conferences, workshops, performances, etc.) and a place where these projects can be understood in a unique way.

Thus, against the complex framework of museum and cultural centers that operate in Mexico City, the Museo Jumex, together with the Fundación Jumex Arte Contemporáneo, stands as a new and radical alternative for the research, production and exhibition of art, satisfying some of the needs of this region of Latin America. The building is the perfect expression of its philosophy, its vision and mission, clearly differentiating itself from other museums in this great capital.

Miquel Adrià

Museo Jumex, entre innovación y tradición

El nuevo Museo Jumex en la Plaza Carso de la ciudad de México, es un objeto preciso que alude sesgadamente a un sinfín de referencias. Nada es obvio. Sin embargo, no faltan los guiños al lugar, las citas a los clásicos modernos y las pistas sobre su función. No es un *alien*, ni una deformación genética del sitio, sino una pieza exacta pensada desde lejos, que se inserta en un contexto en ebullición y que tiene consciencia de las presiones desiguales y protagónicas de su entorno. A su vez, las alusiones miesianas, desde la modulación estricta de su geometría hasta la breve paleta de materiales se entrecruzan con las referencias corbusianas y fabriles filtradas en México por Juan O'Gorman, lo convierten en un objeto de lujo. No es ajeno, además, al pasado plebeyo de la Colección Jumex en la periferia metropolitana, en Ecatepec, entre naves envasadoras de jugos y salsas. Y su función museística se desvela sutilmente tras las logias palaciegas y sus grandes ventanales que junto a su pétrea fachada escalonada y ascendente remiten al templo del arte neoyorkino –el museo Whitney– diseñado por Marcel Breuer. Y no por popular es irrelevante la onomatopeya gráfica del preadolescente zurdo más famoso de la historia televisiva: un Bart Simpson que aparece y desaparece en sus fachadas laterales.

Lugar y forma

Como resultado de una operación de expansión urbanística se reconvirtió un área industrial obsoleta en la extensión de Polanco, una de las colonias más selectas de la ciudad de México. La transformación de los grandes terrenos disponibles, que pasaron de ser industriales a residenciales, apuntaba a una densidad mucho mayor y al alcance de un nivel socioeconómico inferior. El centro comercial Antara fue el detonante al "acercar" Polanco a esta zona con una estrategia de modificación vial: un paso a desnivel que al socavar la circulación salvó la barrera que suponían los diez carriles y dos camellones de la Avenida Ejército Nacional, y facilitó la circulación rodada y peatonal.[1] A esta hábil maniobra urbanística que cambió las condiciones del tablero metropolitano se anexaron grandes proyectos inmobiliarios que juntaron oficinas y viviendas con centros comerciales y culturales. Así, rodeados por cientos de miles de metros cuadrados de departamentos y despachos atrapados en prismas de vidrio, aparecieron unos museos y un teatro sobre la tímida reconversión de una línea ferroviaria transformada en parque lineal. Ahora un protagónico y hermético museo fungiforme que no encontró la manera de conectarse plácidamente con el terreno y un teatro socavado bajo la nueva plaza cívica, de la que emerge un palio metálico, son los vecinos preexistentes del nuevo templo de arte contemporáneo de la Fundación Jumex Arte Contemporáneo.

Insertado en un estrecho terreno triangular, el nuevo edificio funciona física y fenomenológicamente dentro de sus contornos. Asume su planta desde los mencionados linderos y, como apunta Luis Fernández-Galiano en "Un corazón disciplinado",[2] exhibe una arquitectura que opera dentro de los límites de la continuidad, siguiendo el curso dibujado por David Chipperfield a lo largo de su carrera.

[1] Miquel Adrià, *Javier Sordo Madaleno*, Arquine, México, 2011, p. 194.

[2] Luis Fernández-Galiano, "A Disciplined Heart" [Un corazón disciplinado], en *David Chipperfield Architects*, Walther König, Colonia, 2014, p. 20.

Efectivamente, tras el escultórico volumen elemental, se lee el rigor del despiece pétreo de sus fachadas. Una resistencia miesiana que ya está en su primera obra, la tienda de Issey Miyake en el selecto barrio londinense de South Kensington, y una composición que también remite a las masas simétricas y asimétricas de las plantas que Mies van der Rohe proyectara en los años treinta, sugiriendo contracciones y expansiones del espacio interior.[3]

A su vez, la condición palafítica que permite a su encriptada masa flotar sobre el anodino territorio metropolitano tiene antecedentes en los galpones del Museo Fluvial y de Remo en Henley-on-Thames y ciertos guiños vernáculos[4] que remiten a los estudios de estirpe corbusiana[5] proyectados por Juan O'Gorman para Diego Rivera y Frida Kahlo en el barrio de San Ángel, en la ciudad de México. Montado sobre columnas cilíndricas de concreto que se retrasan del plano de fachada, como hiciera en el mencionado Museo Fluvial y de Remo, no sólo remite a la planta libre y a los *pilotis* que postulara Le Corbusier, sino también a los *bungalows* británicos. Así, la estructura alzada mantiene distancia con el terreno y también con el lugar, con sus costumbres y su gente.

[3] "Entrevista entre David Chipperfield y Rik Nys", en *David Chipperfield, Arquitecturas 1990-2002*, Ediciones Polígrafa, Barcelona, 2003, p. 6.

[4] Kenneth Frampton, "Ensayo de Kenneth Frampton", *David Chipperfield, Arquitecturas 1990-2002*, op. cit., p. 9.

[5] Miquel Adrià, "Tras la senda de Le Corbusier", tesis doctoral: "En esta obra, Juan O'Gorman asume los postulados de Le Corbusier al pie de la letra –construcción elevada del suelo, fachadas libres, espacio interior sin compartimentar, azoteas habitables, etc.– y tiene como referente directo el estudio que el arquitecto suizo hizo para su amigo y pintor Amédée Ozenfant en 1922. Desde la misma cubierta dentada, la misma escalera helicoidal en su exterior y los mismos grandes ventanales. [...] Con todo ello, la paleta *corbusiana* se amplía a referencias del constructivismo soviético y a la arquitectura vernácula mexicana, adquiriendo signos de identidad únicos y contundentes".

No hay más que viajar por la selva maya para comprender las distintas actitudes coloniales: aquella que propicia el mestizaje y el contagio que emerge de la tierra y la fusión cultural en Chiapas y Guatemala y la que se posa asépticamente sobre postes y cajas efímeras en Belice. Paradójicamente, los estudios de Diego Rivera y Frida Kahlo fueron anteriores al barrio que los rodea, mientras que el edificio de la Fundación Jumex Arte Contemporáneo, desde su atemporalidad, se inserta en un contexto de edificios modernos que ya envejecieron.

Escala y materia

Algo tiene la arquitectura de David Chipperfield que desconcierta. Un hábil juego de escalas hace que sus edificios públicos conserven cierto aspecto doméstico y, a su vez, al incorporar la escala humana sorprende su majestuosidad. Sucede en el edificio Veles e Vents en Valencia y también en el Museo Jumex. La ventana –en tanto recorte del plano de fachada– es un tema importante en sus composiciones y no sólo la ventana sino la vista desde ella para enmarcar la escala humana en relación con la escala urbana. Chipperfield apunta: "Estoy interesado en la conexión entre la experiencia individual y la experiencia del edificio".[6]

Por otro lado, la decisión –miesiana de nuevo– de reducir la paleta de materiales incrementa la fuerza plástica y expresiva. "Mas allá de su tactilidad, su trabajo tiene como virtud su composición plana, fuerte y abstracta que conecta con el *art-concret* de las vanguardias de los años treinta".[7] Como en la Villa Alemana, donde usa sólo tabique aparente, en el Museo Fluvial y de Remo con madera expuesta, o en la Ciudad Judicial de Barcelona con precolados de concreto, el Museo Jumex se envuelve en mármol Xalapa mexicano que, como el travertino fiorito miesiano, se corta a contra veta. Tres materiales: acero inoxidable para la cancelería y los barandales, concreto blanco y mármol travertino. El vidrio supertransparente es sólo la membrana que separa el interior y el exterior. El resultado es un volumen hermético y metafísico que levita, al que el programa y la composición le van abriendo huecos.

[6] "Entrevista entre David Chipperfield y Rik Nys", *op. cit.*, p. 19.

[7] "Ensayo de Kenneth Frampton", *op. cit.*, p. 7.

El escalonamiento en fachada da proporción al edificio, sugiriendo que son tres pisos, aunque a otro tamaño. En realidad se trata de cuatro niveles por encima de la calle que miden el equivalente a doce pisos.

Chipperfield trata de posicionarse desde cierto enfoque aparentemente *low-tech* pero preciso, exacto, si cabe. Como Álvaro Siza, quiere construir arquitectura que se remita a sus primeros croquis. Sin perder la emoción de los primeros trazos, la materialidad debe incorporar la poética de la construcción, a riesgo de que pueda llegar a ser un peligro cuando la virtuosidad constructiva se convierte en protagonista. Pero como en la literatura –recuerda Chipperfield– la forma, la sintaxis, acompaña al discurso. La belleza del lenguaje asiste a la historia que se narra.[8]

Propósito o programa

La interpretación del programa ayuda a identificar la ambición de un edificio.[9] Muchos arquitectos proyectan desde la complejidad del programa y se justifican a través de la interpretación de la función. David Chipperfield, en cambio, reduce el programa a su mínima expresión. Para el arquitecto, "los edificios más interesantes son aquellos que logran sintetizar espacio y forma".[10] Prefiere el término "propósito" que el de "función". Así, el edificio no es tanto una respuesta sistemática y literal a un programa y unas funciones –que bien pudieran cambiar con el tiempo o con las distintas interpretaciones de los clientes–, sino una respuesta a la esencia misma de la arquitectura y al propósito del edificio, subrayando el papel de la composición, de lo tectónico y de la construcción de las ideas. "Prefiero que la arquitectura desaparezca", apunta Chipperfield. "Realmente no pretendo excitar, simplemente quiero confirmar la primera idea".[11]

[8] "Entrevista entre David Chipperfield y Rik Nys", *op. cit.*, p. 24.

[9] *Ibid.*, p. 30.

[10] *Ibid.*, p. 19.

[11] *Ibid.*, p. 23.

La síntesis entre propósito y programa se reduce a la compresión por estratos. El partido, en el sentido más beauxartiano, se comprime en capas, donde a cada nivel le corresponde una actividad que le da sentido. Así, la planta baja es un espacio público que pertenece a la calle, a la ciudad. No es ni edificio todavía, ya que se desliza por debajo de éste. La vocación del primer nivel es de *piano nobile* y como tal, también es público. Es el lugar de los eventos, de la representación. Hasta cierto punto ambos niveles son exteriores y sólo una membrana de vidrio acota los interiores, como una extensión de las terrazas abiertas a las grandes logias. Los dos niveles superiores son los espacios sagrados del arte: uno con dos grandes salas proporcionadas y armónicas, con una sola terraza que enmarca el exterior; otro es un espacio diáfano bajo la perfecta luz cenital que se desliza, homogénea, desde los cuatro lucernarios inclinados que conforman los dientes de sierra de la cubierta. Estrictamente, si nos remitiéramos a los tipos arquitectónicos formulados por la Academia, la nueva sede de la Fundación Jumex Arte Contemporáneo es un *palazzo*.

Paseo arquitectónico

Un paseo por el edificio en obra, con David Chipperfield en marzo de 2013 y otro con Oscar Rodríguez del Taller Abierto de Arquitectura y Urbanismo (TAAU) –despacho local asociado– en julio del mismo año, me permitieron hilvanar tanto el recorrido como la historia del proyecto. Ésta empezó con unos primeros croquis en 2009, donde aparecían unas cajitas y unos patios esparcidos por un terreno mucho mayor que el actual. Una propuesta que se resolvía en un solo nivel, a la manera de otros tantos proyectos que el arquitecto desarrolló en esos años, empezando por el del concurso para la Biblioteca Vasconcelos (fue uno de los finalistas), el cementerio de San Michele en Venecia o el Palacio de Justicia de Salerno.

A finales del mismo año se presentó la primera versión compacta. Chipperfield estaba preocupado por el contexto heterogéneo que lo circunda, por lo que se construyó una maqueta con todos los edificios de la zona. El reto era definir un volumen que pudiera destacar como una joya precisa entre el ruidoso paisaje urbano inmediato. Los conceptos estaban claros desde el inicio: todos los niveles debían disfrutar de luz natural, la planta baja estaría abierta para fluir con la ciudad y las áreas de exposición estarían en los niveles superiores. Originalmente tenía un nivel menos y techo plano, sofisticado, con distintas capas que tamizaran la luz ideal. También se trabajó en la línea de otros proyectos coetáneos a éste donde una caja flotaba dentro de otra, pero este camino se descartó a solicitud del cliente, en aras de una mayor flexibilidad del espacio disponible.

En julio de 2010 se llegó al esquema actual, con un *piano nobile* que el programa no exigía pero que le daba escala y con un techo de ocho picos que acabó reduciéndose a cuatro, mucho más altos. En realidad la forma dentada que sugiere planos verticales acristalados con luz neutra de norte se descartó, ya que no garantizaba una iluminación homogénea, así que funciona como un lucernario en que los rebotes de la luz y los filtros aseguran un isocromatismo perfecto. La forma dentada de la cubierta se convertiría además en el *leitmotiv* del edificio.

Una lectura detallada de las bandas de mármol de un metro de alto y aproximadamente dos de ancho, permite contabilizar la altura de cada nivel. El faldón de la planta baja acota las vistas hacia la calle, hacia el nivel peatonal, bloqueando la mirada a los edificios vecinos. Como sucede en el Salk Institute de Louis Kahn, entre cada nivel cruzan unas trabes de dos metros que generan un colchón para instalaciones y servicios. Las fachadas son de concreto estructural y se desplazan en cada nivel hasta descargar en las trabes y las losas dobles, sobre las sólidas columnas circulares de la planta baja. Tres bloques rectangulares centrales estructuran el edificio, como sucede en el Veles e Vents de Valencia. Uno alberga el gran montacargas que también funciona para el público, otro la escalera y el tercero contiene las instalaciones eléctricas y de aire acondicionado. Este último no llega al nivel superior, liberando un único espacio de grandes dimensiones. A su vez, este núcleo conecta con el área de las oficinas situada en el primer sótano –iluminado lateralmente por un patio inglés– con despachos privados para la Dirección General y la Dirección Curatorial, una sala de juntas y un espacio abierto de trabajo, además de la librería en el área pública, con los baños a un lado. Más abajo, el estacionamiento, para casi doscientos automóviles en tres niveles inferiores.

En la planta baja, un cubo de vidrio alberga la recepción y deja la cafetería en el exterior. Del plafón cuelgan las lámparas equidistantes que diseñó Chipperfield años atrás. En el primer nivel otro cubo de vidrio envuelve un salón multiusos para eventos y conferencias que puede oscurecerse con una cortina continua de 6 m de alto. Alrededor, las terrazas se vuelcan sobre el exterior y generan espacios intersticiales y polivalentes entre ambas geometrías para albergar exposiciones, talleres o cursos infantiles. Los grandes recortes que conforman terrazas, balcones y logias responden a la ciudad con sus proporciones armónicas. El segundo y el tercer nivel reciben el aire acondicionado de un espacio entre el plafón y la pared. Así, el nivel superior libera de instalaciones –salvo las eléctricas– a los dientes de sierra que salvan el claro de todo el ancho del edificio con unas armaduras vierendeel, cuyo punto más bajo queda a 5 m del piso y el más alto a 10. Aún cuando todas ellas están a la misma altura, la compresión lateral de las paredes convergentes provoca cierta ilusión visual de espacios decrecientes.

Si bien se llegó a considerar hacer los pisos de concreto pulido o de madera, finalmente se decidió usar el mismo mármol travertino de Xalapa de las fachadas. Los peldaños de la escalera son monolitos del mismo material. En el sótano, una pieza de Martin Creed compuesta por una variedad enorme de tipos de mármol se convierte en el piso derramado en todas direcciones. La manguetería de los grandes ventanales y paredes de vidrio es de acero inoxidable. Al no tener problemas de puente térmico en México, el arquitecto aprovechó para estilizar el grosor de los elementos con una gran solera y cuatro sencillos perfiles que atrapan el vidrio. Los vidrios de dos hojas son de 6 m de alto, ultra claros de 10 mm cada uno, unidos por una lámina de policarbonato. Los gruesos muros absorben las instalaciones eléctricas, de voz y datos. Un sofisticado sistema alemán de anclaje de la fachada ventilada define las características de sujeción, con 7 mm de separación entre cada pieza de mármol y una malla que amarra las piezas de 240 kg desde su parte oculta.

Tradición e innovación
Decía David Chipperfield que la arquitectura que le interesa desarrollar debe "generar formas de gran presencia cívica sin necesidad de adoptar ni la novedad de arquitecturas fantásticas ni la

pomposidad de fachadas monumentales".[12] Para él, el progreso es un proceso continuo que se beneficia tanto de la resistencia como de la osadía, y proyectar es establecer una relación creativa entre tradición e innovación. A lo largo de treinta años este arquitecto británico ha operado desde la libertad disciplinaria, "opuesto a la representación expresionista de la experimentación",[13] procurando ofrecer una visión de orden en un mundo caótico. Con esta obra singular e icónica, Chipperfield demuestra que en México se puede construir con los mejores estándares, incorpora un equipamiento cultural que se integra y enriquece la ciudad y crea uno de los mejores espacios para albergar y dialogar con el arte contemporáneo. También lleva a cabo una de sus mejores obras –cargada de citas sin ser literal– y recuerda que la mejor respuesta al caos y al ruido ya la había sugerido Luis Barragán con su revolución callada.

[12] "Ensayo de Kenneth Frampton", *op. cit.*, p. 11.

[13] "Entrevista entre David Chipperfield y Rik Nys", *op. cit.*, p. 31.

Miquel Adrià

Museo Jumex, between tradition and innovation

The recently completed Museo Jumex in Mexico City's Plaza Carso, is a precise object that obliquely evokes an endless number of references. Nothing in it is obvious. And nevertheless, it contains a number of gestures that hint towards its location, to historical references (quotes taken from Modern classics), and provides clues that reveal its function. It is neither an alien nor a genetic distortion of the lot, but an exact work conceived from a distance and inserted into a vibrant urban context whose leading and unequal pressures it is well aware of. In turn, Miesian allusions—from the strict modulation of its geometry to the limited palette of materials—intertwine with Corbusian echoes brought to Mexico by Juan O'Gorman, transforming the building into a luxurious object. It also pays tribute to the plebeian past of its previous building, located in the metropolitan periphery of Ecatepec, surrounded by bottling plants for juices and sauces. Its function as a contemporary art museum subtly reveals itself behind the *palazzo*-like *loggias* and the large windows, which together with the stepped stone façade are reminiscent of the Whitney Museum, the New York art temple designed by Marcel Breuer. Finally, as popular as it is significant, is the graphic onomatopoeia of the most famous left-handed pre-adolescent in the history of television: the image of Bart Simpson appearing and disappearing on the museum's side walls.

Place and shape

As a result of an urban development program, an obsolete industrial area in the outskirts of Polanco—one of the most exclusive residential areas in Mexico City—was restructured. The transformation of the large amount of available land, which shifted from being industrial to residential, was planned to bring a much higher density and to attract middle-income residents to the area's large lots. The construction of the Antara shopping center played a key role, making Polanco closer by strategically changing the road design: Avenida Ejército Nacional—a real barrier cutting the city, with its ten lanes and two median strips—was partially undergrounded, improving both pedestrian and vehicular flows.[1] Connected with this smart urban maneuver, which completely transformed the conditions of the metropolitan game board, a number of large real estate projects thrived, bringing together offices and residential areas with retail and cultural centers. And so, it happened that surrounded by hundreds of thousands of square meters of apartments and offices trapped in glass blocks, a couple of museums and one theater were built on what used to be a railway, timidly turned into a linear park. A prominent and inscrutable mushroom-shaped museum, unable to find itself placidly inserted into place, and a theater situated beneath the new civic square, from which a steel canopy emerges, are the existing neighbors to the new temple for contemporary art built by Fundación Jumex Arte Contemporáneo.

Inserted into a narrow triangular lot, the new building operates physically and phenomenologically within its limits. Its shape in plan assumes the aforementioned boundaries, and as noted by Luis Fernández-Galiano in "A Disciplined Heart,"[2] it is a building that operates within the limits of continuity, following the course traced by David Chipperfield throughout his career. Behind the basic sculptural volume, and in the strict stone cutting of the façades can be read a

[1] Miquel Adrià, *Javier Sordo Madaleno* (Mexico City: Arquine, 2011), 194.

[2] Luis Fernández-Galiano, "A Disciplined Heart" in *David Chipperfield Architects* (Cologne: Walther König, 2014), 20.

Miesian resistance that was already present in his first work, a boutique for Issey Miyake in the exclusive London borough of South Kensington, and a composition that evokes the symmetric and asymmetric masses of Mies van der Rohe's plans from the 1930s, suggesting contractions and expansions of the interior space.[3]

As a building on stilts that allows its cryptic mass to float over the uninspiring metropolitan landscape, it is reminiscent of the boathouses for the River and Rowing Museum in Henley-on-Thames, and of some vernacular gestures[4] that hark back to the Corbusian ateliers designed by Juan O'Gorman for Diego Rivera and Frida Kahlo in the San Ángel neighborhood in Mexico City.[5] Raised on concrete cylindrical columns retreated from the façade, as in the aforementioned River and Rowing Museum, it evokes not only the free plan and the *pilotis* proposed by Le Corbusier, but also British bungalows. In this way, the lifted structure maintains its distance from the terrain and also the place, its people and customs. We need only travel through the Mayan rainforest to understand the two basically different colonial attitudes: the one emerging from the earth, favoring interbreeding, as can be seen in Chiapas or Guatemala; and the other, aseptically placed on stilts and ephemeral boxes like in Belize.

---

[3] "Interview between David Chipperfield and Rik Nys," *David Chipperfield: Architectural Works, 1990–2002*, ed. Thomas Weaver (Barcelona: Ediciones Polígrafa, 2003), 16.

[4] Kenneth Frampton, "Essay by Kenneth Frampton," *David Chipperfield Architectural Works, 1990–2002*, 6.

[5] Miquel Adrià, *Tras la senda de Le Corbusier*. Doctoral thesis. "In this work, Juan O'Gorman follows Le Corbusier's postulates to the letter—buildings set on *pilotis*, free façades, undivided interior spaces, usable roof terraces, and so on—and its main reference is the atelier built by the Swiss architect for his friend, the painter Amédée Ozenfant, in 1922. Starting from the same sawtooth roof, the same exterior spiral staircase, the same large windows. [...] With all that, Le Corbusier's palette expands with references to Soviet Constructivism and to Mexican vernacular architecture, acquiring unique and convincing marks of identity."

Paradoxically, Diego Rivera and Frida Kahlo's ateliers were built prior to the buildings that now surround them; in a similar way, the Jumex Foundation's new building seems timeless, inserted in a context of modern and yet already aged buildings.

Scale and matter

Something about David Chipperfield's architecture is disconcerting. A skillful handling of scale makes his public buildings seem somehow domestic and, in turn, the incorporation of human scale makes them surprisingly majestic. This is the case in the Veles e Vents building in Valencia, and also in the Museo Jumex. The window, as a cutting of the façade's plane, is an important theme in his compositions, and not just the opening, but the view from it, that frames the human scale in relation to the urban scale. Chipperfield asserts: "I am interested in the connection between the individual experience and the experience of the building."[6]

Another important decision, again of Miesian origin, is the reduction of the palette of materials, resulting in a striking visual and expressive effect. "Beyond its tactility, his work has the virtues of the plain, strong and abstract compositions connected to the Art Concret of the 1930s *avant-gardes*."[7] Like in the German villa where Chipperfield only used exposed brick, the exposed wood used for the River and Rowing Museum, or the precast concrete used for the City of Justice in Barcelona, the Museo Jumex is completely wrapped in Mexican marble from Xalapa, crosscut like Miesian Florentine travertine. Only three materials are used: stainless steel for window frames and handrails, white concrete, and travertine marble. Ultra-clear glass is only used as a membrane to separate the interior from the exterior. The result is a levitating hermetic and metaphysical volume in which the program and composition have carved openings. The stepped façade brings proportion to the building, suggesting the existence of three floors with different heights. However, what seems to be a

[6] "Interview between David Chipperfield and Rik Nys," 19.

[7] Frampton, "Essay by Kenneth Frampton," 7.

four-story building is the height of a twelve-story apartment block. David Chipperfield's approach is apparently low-tech, but highly precise, even exact. Like Álvaro Siza, he wants to create buildings that refer to his first drawings. Preserving the excitement of the first sketches, its materiality must include the poetry of its construction, even at the risk of having constructive virtuosity play a leading role. But, as Chipperfield himself recalls, in architecture as in literature, form and syntax are part of the discourse. The beauty of language enhances the narrated story.[8]

Purpose or program

Explaining the program helps to identify a building's ambition.[9] Many architects tend to design buildings following the program's complexity and later justify themselves by explaining its function. On the contrary, David Chipperfield reduces the program to its minimum. For him, "the most interesting buildings are those that achieve a synthesis of space and form."[10] He prefers the word "purpose" to "function." The building is therefore less of a systematic and literal response to a given program and function—possibly susceptible to change with time or with clients' different needs—but an answer to the very essence of architecture and to the building's purpose, with special attention to composition, tectonics and the construction of ideas. Chipperfield states: "I prefer the architecture to disappear. I really do not intend to excite, I simply want to confirm my initial idea."[11]

The synthesis of purpose and program reduces itself to the compression of strata. The *parti*, in the most beaux-artian sense, is compacted into layers, each of them related to an activity that gives it meaning. Therefore, the ground floor is a public space that belongs to the street, to the city. It is not even part of the building, as it slides below it. The first floor is the *piano nobile* and, as such, is also public.

[8] "Interview between David Chipperfield and Rik Nys," 24.

[9] Ibid., 30.

[10] Ibid., 19.

[11] Ibid., 23.

It is a place for events, a place for performance. Both floors are, so to speak, open spaces closed off only by a glass skin, like an extension of the terraces that lead to the large *loggias*. The next two floors are sacred spaces for art: the first one has two large, well-proportioned, harmonious galleries, with a single terrace framing the view of the exterior; the second one is an unobstructed space lit from above by perfectly homogenous light that slides from each of the four sloping skylights conforming the sawtooth roof. Strictly considered, if we refer back to the architectural types identified by the Academy, the new Museo Jumex is a *palazzo*.

Architectural promenade

In 2013, I had the opportunity to visit the building site twice, once accompanying David Chipperfield in March, and a second time in July with Oscar Rodríguez from Taller Abierto de Arquitectura y Urbanismo (TAAU), the local associated architectural firm. Those visits helped to outline the project's development and history. The first sketches, dating from 2009, showed a few little boxes and courtyards scattered across an area much larger than the final one. This proposal consisted of one level, similar to other projects developed by Chipperfield at the time, like the project for the Vasconcelos Library competition (which was a finalist), the San Michele cemetery in Venice or the Palace of Justice in Salerno.

By the end of that year, Chipperfield presented the first compact design. He was concerned about the heterogeneous surroundings of the museum, and constructed a model including every building in the area. The challenge consisted in defining a volume that would stand out like a jewel set in a noisy urban landscape. The concepts were clear from the beginning: every floor should have natural lighting, the ground floor would be open so as to flow with the city, and the higher floors would be dedicated to galleries. Originally, it had only three floors and the roof was flat, sophisticated, with different layers filtering the light so that it would be optimal. The idea of a small box floating inside a larger one was also worked on, but the client dismissed it in order to create a more flexible space.

In July 2010, the current scheme was finally arrived at; it showed a *piano nobile*–not demanded by the program but advisable for the sake of the building's scale–, and eight pointed skylights that were finally reduced to four, much higher ones. It has to be said that the sawtooth form of the roof with vertical panes of glass to catch the neutral northern light was dismissed, as it could not guarantee homogeneous lighting. The final solution was a series of diagonal skylights through which the light is reflected and filtered to ensure a perfect homogeneous color. The sawtooth form of the roof has become the leitmotif of the building.

A careful reading of the marble pieces–each one measuring one meter high and approximately two meters wide–helps to calculate how high each floor is. The stone façade hanging over the ground floor focuses our view towards the street level, hindering the views of the adjacent buildings. As in Louis Kahn's Salk Institute, above each floor, 2 m high hollow beams generate a "buffer space" for installations and services. The façades are made of reinforced concrete, and are supported by concrete beams and double slabs that step down to the ground floor, where solid cylindrical pillars carry the load. As in Chipperfield's Veles e Vents building, the plan is articulated around three rectangular blocks. The first contains a large freight elevator (also used by the public), the second one contains the staircase, and the third contains the electrical and air conditioning systems. This final block doesn't reach the highest level, making this floor an unobstructed, extraordinary, large room. The communications block connects with the offices in the basement that is lit with natural light entering laterally from a light well. It includes private offices for the general and curatorial management, a meeting room and an open workspace. The bookstore is situated in the public area in the basement, near the restrooms. The underground garage, with almost two hundred parking spaces, occupies three levels below the basement.

On the ground floor, a glass box hosts the reception desk, near the outdoor coffee house. Lamps designed by Chipperfield a few years ago, hang from the suspended ceiling. On the first level, another glass box contains a multipurpose room for lectures and events that can be darkened by means of a 6 m high continuous curtain. The terraces surrounding the room offer views of the exterior, generating interstitial spaces that can be used for multiple purposes like exhibitions, workshops or activities for children. The harmonic proportions of the openings created by the various terraces, balconies and *loggias* establish a dialog with the city. The second and third floors receive the air conditioning from a space between the suspended ceiling and the wall. In this way, the skylights are freed from installations (except for the electrical system). Supported by vierendeel trusses, their height ranges from 5 to 10 m above the floor. Even though all of them are the same level, the sideways compression of the converging walls creates a visual illusion of decreasing spaces.

As for the flooring, the first idea was to use polished concrete, or wood, but it was finally decided to use the same travertine Xalapa marble of the façades. The steps of the staircase are also massive blocks of marble. In the basement, a piece by Martin Creed made up of a large variety of marbles, spreads in all directions to become the floor. All the windows and glass walls are framed in stainless steel. In Mexico, thermal bridges are not a problem, so the architect decided to stylize the framing elements, making them as slender as possible: the glass panes are held by four simple steel sections supported by a thick concrete slab. The glass panes are 6 m high, consisting of two 10 mm sheets of ultra-clear glass joined by a polyvinyl butyral film. The electrical and communications network is embedded in the thick walls. A refined stone fixing system defines the features of the ventilated façade: each 240 kg marble slab is separated by 7 mm, and held in place by a hidden steel grid.

Tradition and innovation

David Chipperfied says that the architecture he develops wants to "generate forms of a great civic presence, without the necessity of adopting neither the novelty of fantastic architecture, nor the pomposity of monumental façades."[12] For him, progress is a continuum that benefits from resistance as much as it does from boldness, and to design is to establish a creative relationship between tradition and innovation. Over thirty years, this British architect's career has been based on disciplinary freedom, "the opposite to the

[12] Frampton, "Essay by Kenneth Frampton," 11.

expressionist representation of experimentation,"[13] trying to provide a glimpse of order in a chaotic world. With his singular and iconic work, Chipperfield proves that it is possible to build to the highest standards in Mexico. He has created a facility that is integrated into the city and enriches its cultural life by providing one of the best places to host and dialogue with contemporary art. Chipperfield has accomplished one of his best works, laden with quotes without being literal, that reminds us that the best response to noise and chaos is, as suggested by Luis Barragán, a silent revolution.

[13] "Interview between David Chipperfield and Rik Nys," 31.

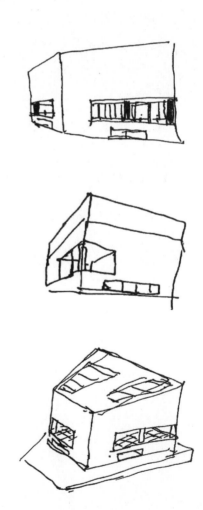

Hans Ulrich Obrist / David Chipperfield

Reflexión en conversación

HANS ULRICH OBRIST: Esta no es la primera vez que tengo una conversación con David, pero sí es la primera vez que conversamos en un espacio tan maravilloso como lo es este museo. Nuestras entrevistas anteriores ocurrieron en aviones, en la Bienal de Venecia y en Engadine en Sils-María, donde Nietzsche escribió *Así habló Zaratustra*. Es realmente muy especial poder tener una conversación en este espacio y además con las sillas organizadas de esta manera. Se asemeja a un juego de ajedrez más que a una charla abierta. Me hizo pensar sobre la razón por la cual los museos se han convertido en factores tan importantes en el siglo XXI. Tony Bennet dijo alguna vez: "Denme un museo y cambiaré a la sociedad". Ayer, cuando hablamos con David y con un grupo de la Serpentine Gallery sobre el edificio, surgió el tema de los rituales. Mencionaste cómo este edificio mejora el ritual de nuestras vidas. Quizás la arquitectura no nos cambia la vida, pero seguramente puede hacernos disfrutar más de los rituales. Y tiene mucho que ver con aquello que dijera [Andrei] Tarkovsky. Tarkovsky solía decir que necesitamos rituales para el siglo XXI, así que esto también puede ser tema para nuestra conversación de hoy. Pero pensé que tal vez podríamos comenzar por el principio, y sería interesante comenzar con la creación misma de tu práctica. Me da mucha curiosidad saber cómo empezó todo, cómo fue que decidiste dedicarte a la arquitectura. ¿Hubo acaso un momento de epifanía o fue un proceso más bien gradual?

DAVID CHIPPERFIELD: ¡Esto se parece mucho a un interrogatorio! Siento que me quieren sacar información y que la técnica es empezar muy amablemente, muy gentilmente para que, poco a poco, me vaya tentando: "Cuéntenos de usted, señor Chipperfield" "¿De dónde viene?" "¿Cómo empezó todo?" Fui a la escuela de arte para estudiar arquitectura y no fue una idea pensada estratégicamente. Fui a una escuela medianamente buena y la verdad es que yo no era muy buen estudiante, pero sí estaba muy interesado en el arte y tuve un muy buen profesor que me inspiró. Pasaba mitad de mi tiempo en el patio jugando y la otra mitad en la sala de arte. Creo que este profesor realmente me dio cierta confianza con respecto a la arquitectura. Él estaba interesado en la arquitectura y de alguna manera logró que yo fuera a la Escuela de Arte de Kingston para estudiar arquitectura.

HUO: ¿Y dónde dirías que empieza tu trabajo? El otro día hablé con Gerhard Richter y mencionó que con un artista siempre hay un momento muy importante en el que se empieza a armar el catálogo razonado. Entonces, me pregunto, con tu arquitectura, ¿cuál sería el número uno en tu catálogo? ¿Dónde empezó todo?

DC: Pues, pienso que la diferencia entre un artista y un arquitecto es que quizás tengamos un comienzo intelectual, pero también tenemos un comienzo práctico. Por lo tanto, la obra comienza con una oportunidad práctica o intelectual. Y claramente, de alguna manera, el destino de un arquitecto está marcado por las oportunidades que nos tocan. Creo que es un tema central de la arquitectura. Estamos varados entre ambiciones intelectuales y ambiciones creativas. Estas ambiciones tienen que ver por un lado, con la fantasía y la visión, y por el otro, con la realidad práctica de la realización, que nos hace poner los pies sobre la tierra y nos ata a los asuntos insípidos y mundanos del patrocinio y de la realización del trabajo. No son asuntos solitarios o aislados. Sí o sí, tienes que trabajar por encargo. Así que para volver a tu pregunta, supongo que en realidad comienza con la primera oportunidad que uno recibe, que para mí fue una tienda muy pequeña para el diseñador de moda japonés Issey Miyake. Y eso me llevó a una cantidad de otros proyectos. Esa fue mi primera oportunidad tras dejar el despacho de Richard Rogers y Norman Foster.

HUO: Y eso también nos lleva a la cuestión de la influencia, porque obviamente tanto Foster como Rogers fueron muy importantes para ti desde que trabajaste para ellos. Aunque también está Álvaro Siza. Hace un año, aproximadamente, tú y yo tuvimos ese magnífico encuentro en el que coincidimos en un vuelo a Berlín. Nos vimos por casualidad en el aeropuerto de Heathrow en Londres, a las 6:50 de la mañana, dormidos, y sin darnos cuenta de qué era lo que estaba pasando.

DC: Yo estaba dormido. Tú estabas totalmente despierto.

HUO: Comenzamos a conversar y hablamos de muchas cosas, pero recuerdo que Álvaro Siza fue en realidad el cordón umbilical de aquella charla. Mencionaste que si tuvieras que nombrar un arquitecto que realmente te haya inspirado, sería Siza. Así es que me preguntaba si nos podrías hablar un poco de Siza y qué fue lo que aprendiste de él, o qué es lo que te inspira de su trabajo. También me gustaría que hables un poco sobre Foster y Rogers.

DC: Pienso que todos los arquitectos, si fueran honestos, dirían que tienen múltiples influencias. Quiero decir, que siempre me da un poco de pudor cuando me preguntan ¿quién es el arquitecto que más admiras? Y es una pregunta imposible. Pero todos tenemos influencias fragmentarias, aunque a veces sean contradictorias. Indudablemente la experiencia de haber trabajado en los despachos de Richard Rogers y de Norman Foster fue para mí muy importante. Dejé la formación arquitectónica a principios de los años ochenta, una época muy mala para la práctica ya que en Inglaterra había muy poco trabajo. El país estaba en una verdadera recesión. También era un periodo de crisis para la arquitectura, que de alguna manera fue testigo del colapso del sueño modernista y de la aparición del posmodernismo, en su dimensión arquitectónica. Creo que fue un momento muy estimulante en términos de una reevaluación de la historia. Para entonces yo era un estudiante y de un día para el otro la historia volvió a estar en discusión. Pienso que fue un momento muy energético, pero en términos de producción arquitectónica fue un periodo terrible porque había mucha confusión en cuanto al significado que se le debía dar a la arquitectura. Y de pronto, en una modalidad muy Disney, todos empezaron a aludir a citas históricas, sin saber bien cómo usarlas o cómo dialogar con ese renovado interés en la historia. Comercialmente hablando, el entorno era muy complejo, e intelectual y artísticamente era un momento de mucha confusión. En esa época Londres estaba como deprimido y al entrar al despacho de Richard Rogers y Norman Foster te pegaba un aire renovador. Ser arquitecto en Inglaterra era algo muy conservador en ese entonces y típicamente los arquitectos iban de corbata de moño, jugaban al golf, eran miembros de clubes sociales y se tomaban su tiempo para almorzar (de hecho, era así como obtenían encargos). Pero esa manera de ser arquitecto tenía los días contados; el modernismo tenía los días contados. Y entonces, cuando ibas al despacho de Richard Rogers y Norman Foster, de pronto, todo volvía a ser sexy y se podía palpar su convicción, elevando la práctica de la arquitectura a niveles muy superiores. Por lo tanto, para mí, esa fue una experiencia muy importante. Cuando dejé esos despachos y comencé mi propio despacho, creo que mi generación –o al menos, parte de ella– estaba interesada en encontrar la forma de hacer sobrevivir al modernismo. No nos convencían los esfuerzos algo patéticos del posmodernismo y la cita histórica. En Europa continental había gente como Rafael Moneo, Luigi Snozzi e incluso Mario Botta, todos interesados en el modernismo. Pero en mi opinión, Álvaro Siza, más que nadie, fue quizás quien más me influenció, ya que estaba probando que el modernismo podía mostrar cierta sensibilidad ante el contexto, que podía mostrar consideración a determinadas nociones de complejidad; podía ser local y experiencial, en vez de una simple representación. Un grupo formado por algunos de nosotros, manejaba en mi despacho una pequeña galería llamada 9H, con el fin explícito de introducir en Inglaterra un tipo desconocido de arquitectura. El modernismo se había perdido, y nosotros exhibíamos la obra de Siza, Moneo, Snozzi y demás. Siento que para mí siguen siendo influyentes en el sentido que todos ellos creen en una cierta universalidad de una idea arquitectónica, pero al mismo tiempo, están interesados en la idea de contexto y la idea local de la arquitectura. Porque, a fin de cuentas, la arquitectura desciende sólo en un lugar, y si estás involucrado en un proyecto arquitectónico, pasas mucho tiempo excavando la tierra, lo que te lleva a entender que la arquitectura sigue siendo una práctica primitiva. Lo dice todo el mundo: "¿Por qué la arquitectura no puede ser más sofisticada y más...?" Porque no tienes que construir cimientos para esas cosas. No tienen que negociar con una ciudad cuán grande puede ser tu edificio. Pienso que esas consideraciones son cruciales.

HUO: Quería preguntarte algo, también en relación con Inglaterra en ese periodo y quizás también en relación con Siza. Porque es interesante que mencionaras que a través de tu galería diste a conocer a Siza y a Moneo. Como bien sabes, esa es la razón por la cual Julia Peyton-Jones inició el proyecto del Pabellón de la Serpentine Gallery porque había muy pocos arquitectos extranjeros construyendo en el Reino Unido. Dominaba cierta insularidad. Pero para hablar más de Siza, quería preguntarte lo siguiente. En relación con el aspecto de lo local, podemos hablar de este museo y de cómo surgió a raíz del contexto local. Sería bonito que mencionaras algún edificio de Siza por el que sientas particular afecto, alguno que te haya inspirado.

DC: Probablemente, el más poético y el que expone de mejor manera esa idea es el proyecto de la piscina [Leça Swimming Pool Complex, 1966], que es uno de sus proyectos más tempranos, donde el tema mundano de crear piscinas y edificios de servicio alrededor de ellas, alrededor de las piedras, de alguna manera hicieron que esa ubicación provincial se percibiera como un lugar muy sofisticado. Creo que es un proyecto genial. Para mí, lo bonito de Siza es que siempre está investigando. Y además, por otra parte, su trabajo tiene personalidad sin caer en el manierismo. La arquitectura es interesante siempre y cuando contenga ideas universales. Se excede en cuanto se vuelve demasiado personal, demasiado conectada a la letra particular de un determinado arquitecto. Tengo que tener cuidado con lo que digo porque hay claras contradicciones. Veamos el caso de [Luis] Barragán, por ejemplo. Su firma personal es sumamente explícita. Se sabe que un proyecto de Barragán es un proyecto de Barragán. Pero creo que este alto nivel de letra personal, de firma, si se quiere, en una visión particular de la arquitectura que se basa en una perspectiva mucho más amplia. La razón por la cual Barragán me resulta interesante no es simplemente porque pinta muros de rosado o usa basalto en el piso. Me gusta porque retorna la arquitectura a ciertas cosas fundamentales, que podemos apreciar aunque no estemos en México. Podemos entender su arquitectura en otros lugares y no sólo porque sea exótica. Pienso entonces que como arquitecto uno tiene la responsabilidad de encontrar y desarrollar un lenguaje, sin apartarse demasiado de las cosas que se entienden de un modo simple y universal.

HUO: Siza, a quien visité hace algunos años, solía hablar mucho sobre su negociación entre lo local y lo global. Me dijo que, de alguna manera, el contexto siempre es algo así como un socio, un aliado, y esto es algo que mencionaste tú también. Dijiste que disfrutas del contexto, que te brinda un aliado. Esto nos trae a este edificio, este edificio extraordinario que has construido para la ciudad de México. ¿Cómo es que todo comenzó aquí y hasta qué punto el contexto fue tu aliado?

DC: Pues, el primer aliado es tu cliente y, como sabes, nada ocurre si no hay un cliente. Y nada ocurre sin la voluntad del cliente. Es muy difícil ir contra el cliente. Si el cliente no quiere que algo suceda, es muy difícil que el arquitecto lo logre y es muy difícil crear un buen edificio para un cliente que no quiere un buen edificio o que se rehúsa a entender qué es lo que se precisa para crear un buen edificio. Claramente, este proyecto se inició con la Fundación Jumex y Eugenio, y con la visión resoluta que él tenía para este edificio. Ese fue mi primer aliado. El segundo fue el espacio físico. De hecho, es un terreno complejo ya que es un triángulo. Si tuviera que elegir la forma del terreno para empezar a construir un edificio, el triángulo no sería exactamente mi primera opción. No es la forma ideal sobre la cual comenzar a construir porque agrega perspectiva. Si pierdes cuidado, la geometría toma el timón. Diría entonces que te inventas aliados o al menos intentas extrapolar y dar con esas relaciones o colaboraciones. Como extranjero tienes una gran desventaja porque no conoces el lugar. No conoces el contexto. No entiendes del todo las condiciones sociales o la situación socioeconómica del lugar. Pero como extranjero también eres mucho más susceptible, más sensible a lo que te rodea. Uno toma en cuenta esas cosas. Y en el caso de la ciudad de México, inmediatamente sentí cierta sensibilidad hacia su clima, que para mí es totalmente único. El hecho de que la temperatura en noviembre sea básicamente de unos 20º C en promedio, significa que es casi un clima de interior. Y esto es una cons-

Reflexión en conversación

tante durante todo el año. Nunca hace demasiado frío ni demasiado calor. Esto también se refleja en las responsabilidades térmicas del edificio; se puede ser mucho menos rígido con el envolvente térmico, por ejemplo. Realmente tenía mucho interés en utilizar a los aliados, como tú los llamas; este milagro de un clima tan benigno, que en Europa, como tú bien sabes, no tenemos. En Londres el clima es totalmente impredecible, y en Madrid, por ejemplo, hace muchísimo frío en invierno y muchísimo calor en verano. Me he encontrado en situaciones en las que me dicen: "Pero, ¿no sería bonito tener una terraza aquí?", y yo respondo: "Seguro que sí, pero nadie le va a dar uso porque hace demasiado frío, o demasiado calor, o hay mosquitos, o hay demasiado polvo" mientras que en México no es el caso. Esa es la parte maravillosa. Entonces, te alías con el clima y te alías con el programa. En este proyecto te asocias con el modo en que una institución privada se traslada resueltamente de una situación periférica o de estar fuera de la ciudad a una situación que la lleva a estar en el centro de la ciudad, por razones obvias. Porque si dejas ese refugio para mudarte aquí, tienes que redescribir tu misión o al menos el modo en que esa misión va a entablar un diálogo [con el público]. Y en este caso, evidentemente, el edificio tendrá que ayudarte a hacer exactamente eso. Tendrá que convertirse en la representación del edificio y cómo se relaciona con la ciudad, y cómo se presenta estrictamente como un edificio cívico.

HUO: Y ese también es el diálogo con los ciudadanos, como cuando nos encontramos en Berlín y hablamos sobre tu museo de Berlín, y dijiste que todo rondaba alrededor del diálogo con los ciudadanos de Berlín. Pues, me preguntaba, en términos del contexto, ¿cómo se relacionan los ciudadanos de la ciudad de México?

DC: Siempre existen dos clientes: tienes el cliente que paga tus cuentas, y el cliente que hace uso del edificio o que pasa por él todos los días. Esos clientes no necesariamente tienen una voz. No son tu responsabilidad directa, pero de alguna manera tienes que representarlos. Si estás construyendo un edificio de oficinas, tienes que representar esa voz con mucho cuidado, porque tu cliente no está particularmente interesado en eso. Si tienes un cliente así, que quiere colocar un edificio en el centro de la ciudad y que quiere que el edificio sea un centro cultural, ese cliente tiene las mismas ambiciones que tú en cuanto a la relación, por así decirlo, con el segundo cliente, que es el ciudadano. Y hoy, lo que fue interesante para mí, fue ver esta sala [nivel 1] usada de este modo: es increíblemente enriquecedora. Sabía que las salas de arriba eran adecuadas. Nos esforzamos mucho en comprobar que la luz natural del día funcionaría y eso no es tarea fácil. Pero se trata de jugar con las cosas estáticas. Esta sala de alguna manera era una imposición que hice sobre el programa, un tipo de elemento innecesario que se inmiscuyó en el proyecto. Una irritación no deseada. Ningún museo normal

Reflexión en conversación

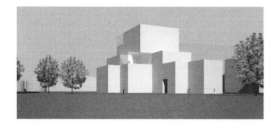

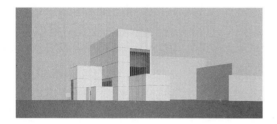

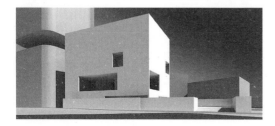

haría esto porque dirían: "Pues, ¿qué es? No es un auditorio, no hay facilidades de acústica, no hay sala de proyección, no es un espacio de exhibición porque no hay muros, hay demasiada luz... No la necesitamos. ¿Por qué pagaríamos por algo así?". Sin embargo, encajaba bien con la idea que Eugenio tenía para este edificio: que fuera un destino. Debería ser un centro cultural, no una simple caja de tesoros. Así que a la caja de tesoros la pusimos arriba. Pero estos dos pisos tenían que convertirse en un lugar dinámico donde pudieran llevarse a cabo cosas. Y por supuesto, sabía que esas dos salas de arriba funcionarían. No sabía bien si este piso funcionaría, pero creo que hoy todos vieron que sí y esto nos remite a tu última pregunta. Este es el elemento más complejo de la colaboración: ¿Cómo se ubica un edificio dentro de una ciudad? ¿Cómo se entabla una relación con la ciudad? Porque no creo que los edificios sean interesantes como objetos solitarios, desinteresados de la ciudad. Creo que no es fácil responder a las necesidades de nuestras ciudades. Esta no es una ubicación fácil. No es un sitio urbano convencional. No es como estar al lado de una plaza o algo parecido. A un lado tenemos un tren, al otro hay una calle muy transitada y un contexto mal definido. Pero todo esto no significa que no puedas, de alguna manera u otra, tratar de darle sentido y un cierto orden. Eso es lo interesante de este proyecto, que se trata de una institución privada intentando brindarse como un lugar público. Eso es, por un lado, un gesto sumamente generoso, un gesto espiritual y también económico; por el otro, pienso que también es un desafío arquitectónico y urbanístico muy interesante.

HUO: Es increíble que recién sea el segundo día. Existen usos infinitos que ni siquiera nos podemos imaginar. Supongo que, obviamente, es el caso en todos los museos. No obstante, no tenemos ni la más remota idea de cómo será el futuro del arte, las futuras generaciones de artistas. Me dio curiosidad porque nunca empezaste [a diseñar] con una imagen, más bien comenzaste con un contexto. Entonces me preguntaba si nos podrías contar un poco sobre esa génesis, cómo lidiaste con las limitaciones del espacio. Tú describiste de una manera bellísima las diferentes dimensiones contextuales locales con las que te encontraste, y sería maravilloso poder entender mejor cómo fue la génesis para el sitio triangular y cómo partiste de esa base.

DC: Mi primera tendencia con un sitio complicado es intentar hacerlo más cuadrado, más regular, hasta llegar al punto en que ya no puedes más. En ese punto, tienes que absorberlo y dejarlo ser. Una manera de trabajar con el sitio es dividirlo en cajas más pequeñas, así que ese fue el primer proyecto. Pero Eugenio fue claro al respecto: que eso era contradictorio con la Colección Jumex, con la herencia y la noción de la Colección Jumex hasta entonces, que siempre se presentó en una gran sala. Eugenio estaba decidido a que construyéramos las salas más amplias. Así que no sólo tenía un sitio triangular, además tenía un cliente

Reflexión en conversación

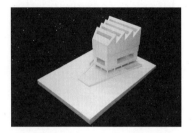

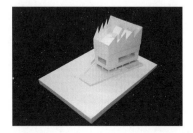

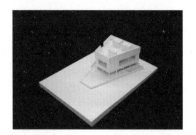

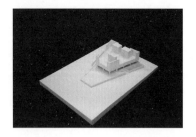

que insistía en crear las salas más grandes posibles. Eso nos obligó a movernos a los límites del terreno. No podía ponerme a jugar con ellos. Eso significaba, entonces, que sí o sí teníamos que aceptar su "triangularidad". Significaba también que tendríamos que crear más verticalmente y eso a su vez quería decir que estábamos entrando en el concepto de un museo vertical en vez de uno horizontal, con todas las dificultades que eso implica. Es mucho más fácil recorrer un museo horizontalmente que tener que ir subiendo. Y creo que en ese instante entendí lo que tenía que hacer. Había otro aspecto a considerar: la robustez del paisaje alrededor, el paisaje urbano. Este no es un edificio muy grande, y estábamos muy preocupados de que se perdiera en este lugar tan ruidoso. Por lo tanto, me interesaba que el edificio tuviera un cierto grado de singularidad y presencia. Mi instinto era que tenía que ser como una casa, una gran casa y, en ese mismo sentido, que la transición de un piso a otro tenía que ser gratificante y tenía que tener diferentes características.

HUO: Cuanto más subes, hay más gratificaciones.

DC: Sí. Tienes que seguir subiendo. Y cuando llegues hasta arriba, me preguntarás: "¿Y qué hay con este techo?" Es así porque sentí que cuando uno llegara al último piso, debería sentir que ha llegado a una especie de ático a un espacio que quizás imaginaron existe en lo más alto del edificio. Cuando llegas al último piso no vas a pensar: "¿Habrá más pisos? ¿Será este el último piso?" Y por supuesto, existen otros factores detrás de este perfil que tienen que ver, más que nada, con la luz del día. También tiene que ver con la geometría, porque estas galerías tienen una perspectiva determinada y fue realmente difícil encontrar soluciones para librarnos de ella. De pronto, llegamos al diseño de una sala cuyo foco estaba puesto sobre el muro más lejano. Le daba demasiada importancia. Nos dimos cuenta de que las bóvedas que se cruzaban una con la otra escondían esta perspectiva. Quiero decir que no es tan fácil leer esa perspectiva diagonal tan fácilmente. Así que resultó de ese modo. Pero la historia clave es que realmente queríamos crear estos dos museos, uno arriba del otro. El museo estático, las salas donde vas y te detienes a mirar una obra y piensas sobre aquello que estás mirando, y te insertas en un tipo de momento solitario...

HUO: Estás en un cuarto.

DC: Estás en un cuarto, y para mí es la única forma de apreciar una obra de arte. No importa en que tipo de cuarto estés, porque hay muchas versiones de cuartos. Lo que importa, es qué estés en un cuarto, observando una obra. Esa solía ser la única preocupación a la hora de pensar en un museo. Pero hoy en día los museos son centros culturales. Son destinos de ocio, de turismo.

HUO: El timbre... Ayer contabas la historia del timbre. ¿En qué museo era eso?

DC: Pues, restauramos el Neues Museum en Berlín, que fue construido a principios del siglo XIX. Y en el museo había un timbre. Antes, cuando uno iba al museo, uno tocaba el timbre y alguien venía a abrirte la puerta y tomaba tu abrigo al ingresar. ¡Creo que es una linda idea! Tenemos que imaginar una relación diferente con la audiencia. Tenemos que pensar en otra audiencia, claro. Entonces pregunto, ¿cómo se introduce ese elemento? En mi opinión, en la arquitectura, en la arquitectura de museo, hemos visto demasiada contaminación del gesto mismo de entrar en el espacio del arte. Creo que lo que queríamos lograr aquí era proteger el espacio del arte y luego usar estos dos pisos como elementos interactivos y dinámicos; que los espacios brindaran un programa dinámico en vez de un programa estático. Un lugar para el encuentro, donde uno puede simplemente ir a tomar un café o visitar la librería, o ir a un seminario o a ver una película, etcétera.

HUO: Y luego, claro está, también existe esta idea de que el edificio tiene un rodapié. Las ventanas rodean al edificio y además tiene este aspecto que permite que el museo esté por encima del tráfico. Quiero entender la génesis porque a menudo hablo con arquitectos y me cuentan la misma historia: van a ver el lugar, y después observan el lugar de nuevo, regresan al hotel, hacen un bosquejo, y luego, ya está: ¡el edificio está construido! Y creo que contigo es diferente. Quizás contigo exista sólo una imagen [diseño] y luego se construye. Pero me preguntaba si el dibujo tiene un rol en tu proceso de creación. No soy arquitecto, así que me da mucha curiosidad entender cómo nace y evoluciona una idea.

DC: Muchas veces usamos modelos físicos, modelos con escalas de 1:50 o 1:30. Esto implica que en nuestra oficina tenemos un modelo del mismo edificio. Eso a su vez implica que puedes empezar a captar la esencia del edificio. Es como una casa de muñecas. Puedes ver el espacio interior y la forma exterior y relacionar lo que haces adentro con lo que sucede fuera. Entonces usamos muchas iteraciones y modelos físicos; ese es nuestro método de trabajo. Usamos modelos de trabajo y no modelos de presentación. Son tan robustos que puedes perforarlos si quieres, o jugar con ellos, agregarles cosas. Y así es como evoluciona el proyecto.

HUO: También me daba mucha curiosidad entender más sobre el contexto y cómo trabajas. Quería saber más sobre la calidad, el acabado, porque el edificio es de una calidad increíble. Se nota en los detalles. Es deslumbrante y eso, evidentemente, es algo que tienen muchos de los museos del siglo XIX. Yo me crié en Suiza, donde existen muchos museos del siglo XIX. Envejecen con tanta gracia. Y como Maurizio Cattelan me dijo una vez: "el tiempo es el mejor editor". Y obviamente, hoy en día tenemos museos de cinco, o diez, quizás quince años, que ya se ven viejos. Y a menudo has insistido sobre esta dimensión del oficio. →

Has tenido conversaciones con Richard Sennett al respecto. Quería pedirte que nos contaras un poco sobre este aspecto de la calidad del oficio, de la calidad de manufactura, y de qué manera, en contextos diferentes, logras encontrarla.

DC: Te diría que fuera de Suiza, quizás en Japón y hasta cierto punto en Alemania y en Austria, hemos perdido toda confianza en la idea de poder construir con calidad y oficio. Ya no surge naturalmente. Para poder producir calidad, a veces tienes que exagerar. Tanto el mercado como el sistema brindan confiabilidad y arquitectura libre de riesgos. Es decir, con el fin de poder eliminar el riesgo y garantizar la confiabilidad de un edificio, uno experimenta lo menos posible, y usa tecnologías que están comprobadas por demás y que ya vienen ensambladas. Por lo tanto, no haces cosas en el lugar, no te arriesgas a fabricar en el sitio, no te arriesgas a usar la manufactura local. No estábamos seguros de lo que íbamos a encontrar en la ciudad de México. Por supuesto que habíamos visto que aquí había edificios impresionantes. Vas al Museo Tamayo y ves cómo el concreto se ha trabajado de cierta manera. Sé que Teodoro [González de León] usó concreto cincelado porque no estaba satisfecho con la calidad del concreto liso. Queda claro que hay oficio en México, y que hay oficio en todas partes. Pero creo, ante todo, que tuvimos la suerte de trabajar con Oscar Rodríguez y su equipo [Taller Abierto de Arquitectura y Urbanismo (TAAU)]. Su equipo armó el proyecto, junto con mi equipo, claro. Trabajamos muy duro, pero realmente creo que tuvimos mucha suerte de tener un socio que se dedicara, junto con su oficina, a supervisar la construcción, día a día. En segundo lugar, lo que me resultó interesante fue la voluntad de hacer cosas. México es como Japón: nadie nunca quiere decirte que no. Pero hay que tener cuidado, porque no estás seguro si te están diciendo que lo pueden hacer porque no quieren decirte lo contrario o porque lo van a hacer. Pero fue realmente interesante porque si trabajas en un entorno anglosajón, en Inglaterra o en Estados Unidos, sueles trabajar con contratistas. La gente con la que hablas no es la misma que construye, no saben nada sobre lo que están construyendo; son gerentes. Gestionan el proceso, asesoran la eficiencia, y manejan los factores de riesgo. Ah, y a propósito, ahí, en algún rincón, hay un edificio. Lo que fue interesante en este caso fue que la misma gente que realizó la piedra, el padre y el hijo, estaban en la obra. Y cada vez que venía, estaban ahí. Dialogaban con el equipo de Oscar acerca de cómo colocar la piedra e intercambiaban ideas. Una anécdota sobre la piedra es extraordinaria. Uno de los problemas cuando se corta piedra como esta y se coloca en la fachada, es que si no lo haces con cuidado, terminas con un tablero de ajedrez. Nuestros mamposteros estaban dispuestos a tomar un bloque, cortarlo y abrirlo como mariposa (de hecho, creo que lo abrían dos veces), para que hubiera una cierta calidad sedimentaria en la fachada. Es decir, que se obtuvo una variación, pero se da en capas, que es casi como la

Reflexión en conversación

piedra misma. Ahora bien, tener gente trabajando para uno con la voluntad de hacer algo así, de construir el edificio... En general, uno no se topa con los constructores, con los obreros. Aquí, te da la sensación que la gente que construyó el edificio estaba aquí todo el tiempo y estaban interesados en construir el edificio. Eso ya no se da en el entorno comercial anglosajón. Por supuesto, creo que hay riesgos en esta modalidad, pero si estás dedicado a ello –como lo estaban Oscar y su equipo–, comprometidos con las personalidades y las personas que le dan forma al edificio, entonces la colaboración... Es lo que digo siempre: que la arquitectura es una cosa colaborativa. Es completamente diferente a ser escultor o pintor. En cualquier obra como esta, hay cientos de personas que trabajan en el proceso, y sólo funciona si la colaboración fluye en la dirección correcta. Eso me impresionó muchísimo aquí. Obtuvimos calidad gracias al compromiso de la gente que realmente se tomó en serio el hecho que estaban construyendo un edificio. La mampostería, el trabajo en acero, la calidad del concreto... Estoy seguro que no sería mucho mejor en Suiza.

HUO: Es muy emocionante. Además, la calidad no sólo en términos de material, sino también en términos de la parte pública, y la "trastienda" o la parte trasera. Recuerdo cuando fui por primera vez a la Colección Menil en Houston. Era estudiante y fui a visitar a Walter Hopps. Me mostró el lugar y me sorprendió muchísimo notar que no había esa discrepancia que uno a menudo ve en los museos, en los que las zonas públicas son tan bellas, pero luego las oficinas o la "trastienda" es mucho menos encantadora. Y ayer me di cuenta de algo, y es que aquí las oficinas y el garaje son absolutamente preciosos. Todos estos aspectos son importantes. ¿Podrías hablarnos un poco más de esto? Parece no haber discrepancia. La parte pública y la parte privada son tratadas con el mismo respeto.

DC: Cuando fui a la Colección Menil, me impresionó mucho el hecho de que la "trastienda", como tú dices, fuera como la parte pública. La Menil es una de las influencias en ese concepto en general. Es muy deprimente cuando en ciertos museos atraviesas una puerta, y de pronto, todo el mundo está trabajando en condiciones paupérrimas. Tengo que confesar que esto es mérito del cliente. El cliente quería la mejor calidad, en todas partes, desde el garaje hasta los depósitos. Está inmaculadamente planeado. Es un compromiso. No hubo ni un momento durante este proyecto en el que el cliente optara por aplicar el análisis de valor para ajustar la calidad del edificio. Ni un momento. Tampoco en términos de rendimiento del edificio, de lo que el edificio puede lograr técnicamente. ¡Eso es bastante único! Muestra no solamente dedicación a la calidad, sino también una apreciación de que la calidad no es sólo una imagen, sino que se trata de una idea consistente, que va de la fachada hasta la trastienda.

HUO: Otro aspecto que se relaciona al contexto es la luz, y pensé que sería buena idea hablar de la luz. Sin duda, la luz es esencial para los museos, y sin ir más lejos, ayer tuvimos una charla al respecto. Me resultó fascinante cuando hablaste sobre las diferencias entre los museos norteamericanos que tienen esta tendencia a iluminar las obras, y la tradición europea de iluminar la sala. Para mí, al crecer en Suiza, lo que se iluminaba no era nunca la obra, sino más bien la sala. La luz tiene que ver con la sala. Tú estás mucho más alineado con la tradición europea de la luz. Quería que nos dieras tus impresiones sobre la luz aquí, la luz mexicana, sobre la forma en la que trabajas con la luz aquí. Acabo de ir a Margate, y es simplemente fascinante. Para aquellos que no han ido a Margate aún, realmente se los recomiendo.

DC: ¿Alguien *no* ha estado en Margate?

HUO: El edificio [Turner Contemporary] es ahora un verdadero catalizador del cambio ahí. En Margate se está desarrollando un nuevo ámbito artístico porque la renta es tan increíblemente barata y muchos artistas de Londres –dado el impacto del museo– se están mudando a Margate. Por eso ahora hay una serie de estudios para artistas y demás. Pero obviamente uno de los elementos clave es la forma en que el edificio capta la luz. Creo que fue Turner mismo quien alguna vez dijo que Margate...

DC: ... tiene los cielos más bellos de Europa.

HUO: Justamente, de Margate a México, sería interesante si nos pudieras hablar un poco sobre la luz aquí, porque si uno de pronto tiene esta experiencia impresionante con la sala en lo más alto del edificio, es porque está absolutamente ligada a la luz.

DC: "De Margate a México", ¡ese será el título de mi próximo libro! La luz es aquello que nos mantiene en contacto con la naturaleza. En términos de conservación, es el enemigo del museo. He estado en museos en los que no permiten que entre la luz del día. Simplemente no la quieren. Y se sabe que en cuanto uno coloque allí una ventana, pues la bloquearán el momento en que te des vuelta. No cabe duda que no se puede confiar en la luz del día. Además, la cantidad de luz que recibimos ahí arriba: estamos hablando potencialmente de unos 300,000 vatios. Y lo ideal serían 600 o 700, como máximo. Es como tener una piscina por encima de ti, y en realidad lo que quieres es un vaso de agua y necesitas pensar cómo vas a obtener ese vaso de agua... Si haces un agujero, ¿se cae todo? En verdad, de alguna manera es peor porque la piscina cambia de tamaño, está modificando la cantidad de luz. ¡Mírala ahora! Entonces, ¿cómo vas a obtener la cantidad correcta de luz? Deshacerse del sol no es un tema grave, uno puede hacerlo; se pueden bloquear los rayos ultravioletas, y todas esas cosas que son enemigas del curador, y más importante aún, del conservador o restau-

rador. Porque todo lo que el curador hace es reflejar las ansiedades del conservador. Creo que la mayoría de los curadores coincidirían con la idea que las obras de arte, la mayoría de las obras de arte, lucen mejor bajo la luz del día. En años recientes, ha habido un enorme cambio. En los años sesenta, todos los intentos de usar luz natural en los museos buscaban lograr una cierta consistencia a partir de la luz del día. Por lo tanto, de alguna forma, intentaban recalibrarla, artificial y mecánicamente. Como tener una lente fotográfica, que recalibra constantemente para permitir que la cantidad de luz correcta ingrese a tu sala. Es imposible, porque esta máquina se mueve todo el tiempo, y se rompe. Así, le da a cada museo la justificación para decir cosas como, "Nosotros no queremos todo eso. No nos hace falta la luz del día". Renzo Piano fue, creo yo, el protagonista de la luz natural en Estados Unidos. Primero, la Colección Menil, y a partir de ésta, todos los museos en Estados Unidos. Pero es cierto que trajo la luz natural a Estados Unidos. Como bien dices, existe una dimensión que se suma a esto, y es una idea filosófica. En Estados Unidos las pinturas se iluminan individualmente, y siempre me explicaron que esto es así porque muchas de las obras de arte en museos de esta región son donadas por individuos. Por lo tanto, cuando van al museo, y buscan la pintura que donaron, inmediatamente recurren al director y le dicen: "Mi pintura no está bien iluminada". Es por esto que cada pintura tiene que estar iluminada de forma individual, para garantizar que quien hizo la donación esté feliz. Esa es una anécdota, y no estoy seguro de cuán cierto sea esto que cuento, pero tiene cierta lógica. Esta modalidad facilita las cosas tanto para las pinturas como para todos los demás. Yo creo, sin embargo, que no es tan ventajoso para quien visita el museo. Ni tampoco para las pinturas. Evidentemente hay determinadas pinturas y dibujos, incluso fotos, que son tan sensibles, que uno no puede... Hay un elemento filosófico, es cierto, pero creo que también hay un creciente interés en torno a la idea de que la luz no es confiable y quizás esto pueda incorporarse en el entorno del museo. De hecho, acabamos de crear un museo en St. Louis en el que sí logramos convencerlos de utilizar luz natural; y cuando pasa una nube, la luz cambia, y las pinturas pueden verse de otra manera. También creo que hay algo en la luz que se desvanece. Es muy bello ir a un museo justo cuando la luz se está yendo, y antes de que enciendan las luces artificiales. Pienso que es algo sumamente importante. Para un arquitecto, un cuarto tiene una definición: es un espacio con una ventana. Un espacio sin ventana no es un cuarto, arquitectónicamente hablando. Por lo tanto, es bastante difícil, como arquitecto, concebir cuartos que no tengan conexión con el exterior.

      HUO: Hablamos mucho sobre el presente, sobre este mismo edificio. También hablamos sobre tus inicios. Una de las cosas sobre las cuales pensé que sería interesante conversar es uno o dos de tus proyectos para otros museos, →

que en varios aspectos son muy diferentes a este. El Neues Museum, obviamente, comenzó con algo que ya estaba ahí, comienza con la idea que somos nosotros quienes inventamos el futuro con escrituras del pasado. Y creo que sería bueno que hables un poco sobre este proceso. Con el Neues diste lugar a un debate fascinante en Alemania, que realmente se convirtió en un debate público. Durante años, los periódicos publicaban a diario cosas relacionadas con el debate sobre el museo. ¿Nos podrías contar algo sobre esta discusión?

DC: Pues, déjame que primero les dé un poco de información contextual. El Neues Museum solía ser el Museo Egipcio. Era parte de un complejo de museos, en Berlín, conocido como la Isla de los Museos. Arquitectónicamente, el edificio más famoso es el Museo Altes [Museo Antiguo] diseñado por [Karl Friedrich] Schinkel. En términos de turismo, probablemente el más famoso sea el Museo de Pérgamo, diseñado por [Alfred] Messel. El complejo de edificios fue bombardeado durante la guerra, pero luego fueron todos reconstruidos. Sin embargo, hubo un edificio que no fue reconstruido, el Neues Museum, que durante sesenta años permaneció como una ruina. Cuando gané el concurso para reconstruirlo, mi preocupación era no perder la *fisicalidad* que esta ruina había logrado durante su segunda vida (como ruina). De hecho, el edificio había encontrado cierta comodidad. Es raro, pero a veces la arquitectura se deja ver muy bien en forma de ruina, por eso Grecia y Roma han sido fuentes de tanta inspiración. Es fascinante entender por qué una ruina puede ser tan poderosa. Creo que es porque una ruina es arquitectura en su estado más básico. Es donde la arquitectura muestra sus cualidades físicas. Es uno de esos lugares que hace que se te erice la piel, porque puedes percibir el poder de la arquitectura, aunque haya caído en ruinas. Y no se puede decir lo mismo de muchos de los edificios que se construyen hoy en día. No se puede decir que la *fisicalidad* de un lugar te conmueve. Así que me interesaba mucho esa dimensión. Y fue un proceso fascinante. Al principio, estaba muy nervioso. En efecto, a comienzos del proyecto, mi esposa me dijo: "Sabes, esto es sólo un proyecto de restauración. No vas a pasar diez años con esto. ¿De verdad es tan interesante? ¿No crees que será un proyecto más bien mundano?" Y en ese momento no estaba tan seguro de que no tuviera la razón. Pero propusimos una idea que, como bien dijiste, fue muy controversial. Creo que lo más interesante de toda esa controversia fue que todo el mundo en Berlín tenía una opinión. Quizás todos en Alemania tenían algo que decir, y nadie se guardó nada. Y mis amigos alemanes me decían: "Nos das tanta pena. ¡Están todos en tu contra!". Y yo les contestaba: "Pues, siempre nos estamos quejando que a nadie le interesa la arquitectura, y ahora que la gente muestra interés, no pueden quejarse". Y me pareció fascinante. El diálogo entre los arquitectos y la sociedad es muy disfuncional y está mediado a través de los canales más singulares.

Es un lenguaje crudo de constructores codiciosos, arquitectos egoístas, ciudadanos privados y de derechos civiles; es un diálogo que nunca llega a ser muy sofisticado. Creo que también es la culpa de la profesión. Lo que me pareció sumamente interesante sobre este diálogo altamente animado y articulado sobre la arquitectura, fue que tenías que involucrarte, y una vez involucrado, era muy gratificante porque de pronto tenías una audiencia. Y la mayoría de las veces el problema es que propones arquitectura en un vacío o en un ambiente de mucha resistencia contra los proyectistas. Es una especie de pelea. Todos los arquitectos que conozco creen que cuando se levantan por la mañana, no lo hacen sólo para cumplir con sus responsabilidades de negocio. Creen que lo que hacen en su profesión tiene el potencial de mejorar las cosas. Y sin embargo, la sociedad tiende a sospechar de nuestras motivaciones. Entonces pensamos que estamos trabajando para la sociedad, y la sociedad no confía en nosotros. Por lo tanto, el diálogo es crítico para que nosotros podamos proponer una buena arquitectura, porque es muy difícil trabajar cuando no hay confianza.

HUO: Y eso es algo que está muy ligado al tema de tu Bienal de Venecia, porque tu proyecto tenía que ver con esta idea de encontrar cosas en común o un territorio común. Pero eso lo podemos dejar para otra entrevista. Hablamos sobre Berlín, donde revisitaste una estructura preexistente. Se trataba de un proyecto sobre el pasado, y sobre la conexión entre el pasado y el futuro. Pero también has trabajado en un tipo de museo totalmente diferente, que es Wakefield. Y otro de tus edificios más recientes, el Museo de Bárbara Hepworth que, contrario a este edificio que es vertical, es completamente horizontal. Por lo tanto, en términos de lo que hoy describiste de manera tan bella acerca de sacar lo mejor de cada situación, donde aquí tenías una restricción triangular muy difícil, y lo lograste convertir en algo maravilloso que puede llevar a tantos resultados diferentes; en el Wakefield, la restricción era otra. Había una restricción horizontal. Así que pensé que sería bonito completar la imagen de tu metodología. ¿Nos podrías contar un poco sobre el Wakefield y cómo allí, a partir de esa curva en el río, surgió ese edificio-pabellón?

DC: Creo que uno de los problemas del patrocinio arquitectónico, y ciertamente del patrocinio de las instituciones culturales –y eso nos remite de nuevo a este edificio–, gira en torno a *quién* patrocina la cultura. Hay una discusión constante en el mundo del arte que tiene que ver con la cuestión de si los subsidios ayudan o no. Es una condición interesante en Inglaterra. La generación joven de Damien Hirst y Tracey Emin, son niños de Thatcher. Quiero decir que son todos producto de una cultura que realmente intentó proponer que la sociedad no existía. Por lo tanto, y paradójicamente, la falta de apoyo creó una cierta energía. Una lucha puede resultar muy conveniente, impulsar mucha fuerza creativa, pero para la arquitectura no es tan fácil porque la lucha no resulta en edificios; quizás traiga pensamientos, incluso ideas, tal vez se manifieste en obras de arte, pero difícilmente resulta en arquitectura. Por eso tiene que haber alguna forma de alianza con el poder, tiene que haber una alianza con el patrocinio. Y, de algún modo, estamos pasando de un Estado patrocinador al patrocinio del mercado. Y diferentes países han ido en diferentes direcciones. En tu país, Suiza, aún tienen una democracia social. Ustedes los suizos creen que el Estado debe ser el proveedor de la cultura, debe pagar por esa cultura. Construimos el Kunsthaus [la Casa del Arte] en Zúrich, y aunque esté sostenida por grandes gestos, gestos generosos del sector privado, prevalece la idea de que el Estado está a cargo de esto. Si uno va a Estados Unidos, puede notar que ese concepto ha desaparecido casi en su totalidad, y por lo tanto, el sistema privado tiene que solventar al museo. El individuo que es activo en su comunidad ofrece este tipo de retribución, como un acuerdo entre los privilegiados y las clases bajas. Cuando trabajé en el Saint Louis Art Museum, me pareció elegante que la gente donara grandes sumas de dinero, que hubiera ciudadanos de verdad que sintieran que estaban enriqueciendo la ciudad. Así que esos son los dos extremos: Suiza, por una parte, y Estados Unidos, por la otra. Inglaterra es una tierra de nadie porque no estamos acostumbrados a la idea del patrocinio, no tenemos clientes millonarios –definitivamente no los hay en Yorkshire– que quieran invertir millones de libras esterlinas en un museo. Y desde Margaret Thatcher hemos perdido la idea de que el Estado es responsable de la cultura. Pienso que este será un tema con cada vez más relevancia y, además, que eso es lo que este edificio representa. Este edificio encarna el generoso patrocinio de una familia y de una empresa que contribuyen de manera cívica a la sociedad. Y la línea entre lo privado y lo público en una institución como esta es borrosa. Creo que eso en sí es algo interesante. ¡Definitivamente será difícil para mí volver a la realidad cuando regrese a Wakefield! Completar un edificio público con fondos públicos es algo casi imposible hoy en día. Es, desde luego, el caso en Inglaterra y cada vez más será así en Europa Central.

HUO: Hemos hablado mucho sobre los diferentes tipos de museos y con todos hemos discutido la idea de "hacer público". Mencionaste esta idea de la institución privada junto al concepto verdaderamente cívico de acercar el arte a todos. Tenemos ese caso ante nosotros: este museo es para todos. Pero al mismo tiempo, hablamos de museos estatales. Pero también existen todas estas otras experiencias del arte. Dije que la última pregunta sería una pregunta bastante personal y cómo vemos el arte en casa. Me fascinaría saber más sobre tu museo, sobre tu casa. Me encantaron las vitrinas en tu casa. Tienes colecciones de objetos, cerámicas maravillosas y objetos de diseño. Es tu museo personal. ¿Es demasiado personal o podrías decirnos algo al respecto?

Reflexión en conversación

DC: Efectivamente, es una vitrina y es un *wunderkammer* personal para mi familia. Contiene cosas que adquirimos en nuestros viajes. Sé que hay una resortera mexicana en algún rincón. Creo que la idea me vino cuando nos mudamos de casa. Tenía la impresión de que teníamos demasiadas cosas acumuladas y por eso me tenía que deshacer de ellas. Y luego nos dimos cuenta de que no nos podemos deshacer de todo. Y a su vez, pensamos que si guardas esas cosas en un armario no las ves nunca más. Entonces, pusimos todos nuestros libros y otras pertenencias, incluso cosas de la cocina, en estanterías de vidrio. Y así, de repente, te encuentras curando todo.

HUO: También vi algo de un magnífico diseñador italiano...

DC: Sí, Gio Ponti. Además colecciono tazones, tazones para comer. Fui muchas veces a China y a Japón y a Corea, y me fascinó el hecho de que en una sola tipología hubiera tanta variación. Y el tazón es una herramienta humana. Colecciono tazones que puedes tomar con las manos. Y es una metáfora de aquello en lo que creo, supongo. En términos de diseño, no creo que siempre sea una cuestión de tener ideas nuevas y espectaculares. Creo que se trata de revisar tipologías. Creo que en cada tipología hay cierta riqueza, hay riqueza en las *normalidades*. Y pienso que el diseño tiene que ver con transformar cosas normales en elementos especiales y no en aspirar a lo espectacular.

HUO: Pero creo que ha llegado el momento de abrir esta conversación a la audiencia.

P: ¿Podría decirme si alguno de los proyectos que ha realizado hasta ahora lo ha dejado satisfecho en un 100%? Y en ese sentido, ¿cómo se siente con respecto a este proyecto?

DC: En mi despacho siempre digo que tenemos que tener tres aspiraciones: tiene que ser un buen diseño, debemos disfrutarlo y debemos ganar dinero. De todas esas aspiraciones, les digo que intenten cumplir con al menos dos. Entonces, un proyecto puede ser divertido y puede ser bueno, pero quizás no nos dé ganancias. O tal vez nos da ganancias, es un buen proyecto, pero no es disfrutable, etc. En cuanto a este proyecto, pues, ¡no ganamos dinero! Pero igual logramos cumplir con dos aspiraciones, porque lo disfrutamos mucho y es un buen proyecto. De hecho, no. Creo que fue enormemente enriquecedor. Creo que no es común tener un cliente que brinda tanto apoyo y tiene una visión tan firme. Esta sala es un excelente ejemplo. En la mayoría de los museos hubiera sido impensable proponer este concepto, porque hubiera quedado descartado en el análisis de valor. Me hubieran dicho: "Pues, ¿de qué se trata?", "No entiendo cuál es su función", "Es raro". A Patrick [Charpenel] le hemos construido un lugar inútil, incómodo. Pero creo que hoy hemos visto que de esa incomodidad surge la provocación. Creo que es original. Estoy seguro que no me hubieran aprobado esta idea como parte de otro proyecto, con otro cliente, en otra situación. Lo que lo convenció fue la idea de que el edificio encontraría una relación con la ciudad. Y sabía que encontraría esa relación con la ciudad, pero no sólo a través del lobby, un café y una librería. Porque eso es lo que venden todos los museos. Creo que tiene que haber más que eso. A esta parte siempre la llamo la vitrina, la sala de muestra. Así, mientras la gente pasa, miran aquí arriba y pueden ver. De todos modos habrá cambios aquí que aún no conocemos, pero uno los podrá ver desde afuera. Se podrán ver cuando uno pasa frente al edificio. Por lo tanto, hay una relación. Y creo que a Eugenio lo sedujo esa idea. La mayoría de los clientes no tienen ese nivel de paciencia, ni tampoco muchas otras cosas. Como dije antes, la calidad no se sacrificó a cambio de nada. En ese sentido, debo decir que este ha sido un proyecto realmente muy especial.

HUO: Una pregunta más.

P: Sólo una pregunta breve sobre la morfología del museo, porque para nosotros, al vivir aquí en México, la referencia es el despacho de [Diego] Rivera, diseñado por [Juan] O'Gorman. Y me daba curiosidad saber si a usted le parecía que existían otras conexiones.

DC: Bueno, el formato de la luz del norte no es particular en Rivera, pero por supuesto, no puedes estar en México, diseñando un edificio, sin estar consciente de esa referencia. Sí, la raíz es la misma, porque existen otros ejemplos, el estudio de [Amédée] Ozenfant y otros. En cierto sentido, pienso que la idea del estudio era la referencia en común. Porque, ¿qué es un espacio de arte y qué es un cuarto? Y cuando creas un cuarto muy grande, que es lo que tuvimos que hacer aquí, los materiales con los que puedes jugar son pocos, porque siempre se va a construir con un muro blanco de tablaroca. Aquí debatimos y pensamos mucho sobre el piso, porque eso se convierte en el material físico y tangible del espacio. El muro blanco no será nada más que un muro blanco.

Pero la fisionomía de la sala, que el techo tenga características similares a las de un estudio, y que el estudio tenga, además, una referencia al espacio industrial, todo eso me pareció una referencia interesante. Pero asimismo, como dije antes, quería recompensar a toda aquella persona que llegara al último piso de este edificio inspirarlos a decir "¡Wow! Ahora sé por qué subimos hasta aquí". Regresamos a la idea de una sala sin techo, porque no hay techo. Es una serie de planos que, en el mismo modo que la plaza, se definen con base en el piso. Se trata de restablecer la *terra firma*, de intentar rehacer la base. Todo empieza a partir de esta plataforma e intenta restablecer la base incluso en el ámbito público, y se inserta en el edificio de manera que el piso se convierte en la cosa más importante en la planta baja. Las puertas estarán abiertas, literalmente. Debido al clima, tuvimos esta idea de que el límite del edificio no tenía por qué estar marcado por la puerta. El primer límite son los peldaños que te llevan hacia arriba, que te elevan un metro para llegar a la plataforma. El segundo límite es cuando te metes debajo del rodapié, donde te resguardas de la lluvia. Y el tercero, y de hecho el más fácil, es cuando atraviesas las puertas de vidrio. Por lo tanto, del mismo modo, eso tenía que ver con el piso. Quería que la parte superior estuviera conectada con el aire, con la luz infinita y con el cielo. Hicimos un modelo y lo modelamos en todo tipo de formas distintas, al final, dada la geometría y debido a la generosidad del espacio, hicimos lo que sentimos que era lo mejor. Y como resultado adicional obtuvimos una silueta del edificio que sentí era bastante importante en este lugar tan ruidoso. Este edificio también tiene personalidad, no algo sobrepuesto, sino más bien, algo que emerge de su estructura espacial.

HUO: Preguntaron sobre O'Gorman y antes habíamos mencionado a Barragán. También mencionaste a González de León y el concreto cincelado que usa. De hecho, te quería preguntar sobre otra conexión local, que es el Museo Goeritz [El Eco]. Y antes, cuando mencionaste tus influencias, cuando alguien te preguntó algo al respecto, usaste la palabra "inspiración". ¿Podrías decirnos algo más?

DC: Pues durante mi primer viaje aquí, Víctor Zamudio-Taylor me llevó a ver aquél pequeño edificio, cuya pequeñez lo hace tremendamente poderoso. Y pensé en aquel gesto, en la puerta, luego el pasaje... Siempre recuerdo aquella puerta. Pensé que era una idea realmente poderosa que la puerta abierta pudiera convertirse en un personaje. Sí, eso viene directamente de allí.

HUO: Tengo una última pregunta, porque esta es una conversación infinita. Veo que entre la audiencia hay muchos jóvenes arquitectos, así que me preguntaba lo siguiente: Rainer Maria Rilke escribió aquel pequeño libro, *Cartas a un joven poeta*, y se me ocurrió que sería bonito concluir con un consejo. ¿Qué consejo le darías tú, en el 2013, a un joven arquitecto?

DC:

Salgan
y
observen
los
edificios
en
lugar
de
ver
imágenes.

Hans Ulrich Obrist / David Chipperfield

Reflection in conversation

HANS ULRICH OBRIST: This is not the first time I have a conversation with David, but it is the first time we do it in such an incredible space, in this amazing museum. Previous interviews have happened on airplanes, at the Venice Biennale and at the Engadine in Sils-Maria, where Nietzsche wrote *Thus Spoke Zarathustra*. It is really very special to have a conversation in this space and also in such a special seating arrangement. It resembles a chess game more than a conference. It made me think why museums have become such significant factors in the twenty-first century. Tony Bennett once said: "Give me a museum and I will change society." Yesterday, when we spoke with David and a group from the Serpentine Gallery about the building, the subject of rituals came about. You mentioned how it makes the rituals of our lives better. Maybe architecture doesn't change life, but it can make rituals more enjoyable. And it has a lot to do with what [Andrei] Tarkovsky said. Tarkovsky always said that we need rituals for the twenty-first century, so this too can be a topic for our conversation today. But I thought maybe we'd begin at the beginning, and it would be great to begin with the very creation of your practice. I am very curious about how it all started, how you became an architect. Was there an epiphany or was it was a gradual process?

DAVID CHIPPERFIELD: This is rather like an interrogation format. I feel like I'm being debriefed. And the technique is to start very gently, very politely, to lure me into it: "So, talk about yourself Mr. Chipperfield," "Where do you come from?" "How did it begin?" I went to art school to study architecture and it was not really a very planned idea. I went to a reasonable school and I wasn't very good at school, but I was very interested in art and I had a very good art teacher who inspired me. I spent half my time on the playing field and half my time in the art room. An art teacher really gave me a certain confidence about architecture. He was interested in architecture and sort of got me into Kingston School of Art to study architecture.

HUO: And where would you say that the work begins? I spoke with Gerhard Richter the other day and he mentioned that with an artist, there is always a very important moment where the catalogue raisonné begins. So I'm wondering, with your architecture, what would be number one in your catalogue raisonné? Where did it all begin?

DC: Well, I think the difference between an artist and an architect is that we might have an intellectual start, but we also have to have a practical start. So does your oeuvre start with a practical opportunity or an intellectual one? And in a way, we are destined—as architects—by our opportunities. I think this is a theme in architecture. We are stranded between intellectual and creative ambitions. On the one hand, they have to do with fantasy and vision, and on the other hand, the real practicalities of realization which ground us and fix us to the dull and the mundane issues of patronage and realization of the work. They are not solitary or isolated. You need to be commissioned. So, to come back to your question, I suppose it really begins with one's first chance, with one's first opportunity, which for me was a shop, a very small little shop for the Japanese fashion designer Issey Miyake. And that led to a lot of other projects. That was my first opportunity after leaving the offices of Richard Rogers and Norman Foster.

HUO: That leads us also to the question of influence, because obviously Foster and Rogers were both very important for you, since you worked for them. But there is also Álvaro Siza. We had this wonderful encounter about a year ago where we both found each other by chance, at Heathrow at 6:50 a.m., and we were both sort of asleep and didn't really realize what was going on.

DC: I was asleep. You were wide awake.

HUO: This conversation unfolded and we talked about many things, but Álvaro Siza was really the umbilical cord of this conversation. You mentioned that if you had to name one architect who really inspired you, it would be Siza. So I was wondering if you could talk a little bit about Siza and what you learned from him, or what inspires you from him, and then also about Foster and Rogers.

DC: I think all architects, if they were honest, would claim that they have multiple influences. It's always embarrassing to get asked, "Who is the architect that you admire most?" And, you know, that's an impossible question. But we all have fragmentary influences, even though sometimes they're contradictory. Certainly my experience of working in the offices of Richard Rogers and Norman Foster was very important. I left architectural training in the early 1980s and this was a really poor time for a practice as there was very little work in England. It was a real recession. It was also a moment of crisis for architecture, which in a way saw the collapse of the modernist dream and the appearance of postmodernism, in its architectural guise. I think it was a very stimulating moment in terms of a reappraisal of history. I was a student at that time, when all of a sudden, history was back on the table. I think that was a really energetic moment, but in terms of architectural production, it was a terrible moment because everybody was very confused about what architecture should be. Everybody was copying, in a Disney-like way, quotations from history and not knowing how to use or engage this newfound interest in history. Commercially, it was a difficult environment and it was intellectually and creatively a very confused moment. At that time, in London, it was sort of down beat, and when you stepped into the offices of Richard Rogers and Norman Foster it was like a breath of fresh air. In England, the profession was very conservative at that time, and architects typically wore bow ties, played golf, were members of clubs, and had long lunches—getting commissions that way. But that was dying, and modernism was dying. So when you walked into the Richard Rogers and Norman Foster offices, all of a sudden it was sort of sexy again and you saw them really believing in something, elevating the practice to a very high level. So for me, that was a very important experience. When I left those offices and started my own practice, I think that my generation (or some of those in my generation) were interested in finding where modernism could survive. We were very unconvinced by the rather poor attempts of postmodernism and historical quotation. One found in Europe, people like Rafael Moneo, Luigi Snozzi, and even Mario Botta who were interested in modernism. But in my opinion, Álvaro Siza was perhaps the most influential, as he was proving that modernism could be sensitive to context, that it could be considerate to some idea of complexity, it could be local and experiential, as opposed to simple representation. A number of us ran a small gallery called 9H in my office, explicitly to introduce an unknown type of architecture to England at that time. Modernism had been lost and we showed the work of Siza, Moneo, Snozzi, people like that. I think for me they remain influential in the sense that they all believe in a certain universality of an architectural idea, but at the same time are interested in the idea of context and the local idea of architecture. Because in the end, architecture only lands in one place, and if you're involved in an architectural project you spend a lot of time digging in the earth and it brings you back to understand that architecture is still a rather primitive practice. Everyone says: "Why can't architecture be more sophisticated and more...?" Because you don't have to build foundations for those things, you don't have to negotiate with the city how big the building can be. Those considerations are very important.

HUO: I wanted to ask you one thing, also in relation to England at that time, and then maybe more about Siza, because it's interesting that you mentioned that you introduced Siza and Moneo through your gallery. As you know, that is also very much why Julia Peyton-Jones started the Serpentine Pavilion project, because very few foreign architects were building in the UK. There was insularity. But to talk further about Siza, I wanted to ask you one more thing. Talking about this aspect of the local, we can talk about the museum here and how it was prompted by the local context. It might be nice if you mention one example of a building of Siza's that is particularly dear to you, one by which you were inspired.

DC: Probably the most poetic, and the one that exposes that idea most, is his swimming pool project [Leça Swimming Pool complex, 1966]. It is one of his very early projects where the mundane issue of making small swimming pools and the facilities around them, around rocks, somehow made this very provincial location feel very sophisticated. I think that's a great project. I think the nice thing about Siza is that he is always investigating. And also, his work has personality without becoming mannerist. Architecture is interesting if it has certain universal ideas. As soon as it becomes too much, it's too personal, it's too connected to the handwriting of a particular architect. I have to be careful with what I say because there's clear contradictions, you know. Let's take [Luis] Barragán, for example. His handwriting is so explicit. You know when you are before a Barragán project. But I think this high level of handwriting, a very particular view of architecture, is grounded in a much wider perspective. The reason why Barragán is interesting is not just because he paints walls in pink or uses basalt on the floor. It is interesting because he brings architecture back to certain fundamental things, which we can understand even if we're not in Mexico. We can understand his architecture in other places, not just because it's being exotic. I think there is a responsibility as an architect to find and develop a language, but at the same time, never to stray too far away from things that should be universally and simply understood.

HUO: Siza, who I went to see a couple of years ago, talked a lot about his negotiation between the local and the global. He mentioned to me that somehow the context is always a partner, and it's something you said as well, that you actually enjoy the context, it gives you a partner. This leads us to the building here, this extraordinary building you've built for Mexico City. How did it all start here and to what extent was the context your partner?

DC: Well, your first partner is your client and nothing happens without the client. And nothing happens without the willingness of the client. It's very difficult to push against the client. If the client doesn't want something to happen, it is very difficult for the architect to do so, and it's very difficult to make a good building for a client who doesn't want a good building or who doesn't understand what it takes to make a good building. Clearly this project started with Eugenio and the Jumex Foundation, and the resolute vision that he had for this building, so that's the first partner. The second partner is the physical place. This is actually a very difficult site: a triangle. If I were to start with any shape of site for a building, a triangle is not the first one I would start with. It's not a great shape to start with because it adds perspective. If you're not careful, the geometry takes over. Then you invent partners, or at least you try to extrapolate and find those relationships and partnerships. As a foreigner, you are at a great disadvantage because you don't know the place. You don't know the context. You don't know the social conditions or the socioeconomic situation. You don't know the wider context. But as a foreigner, you are also much more susceptible to it, more sensitive. One thinks about those things. And in the case of Mexico City, the thing that I was immediately very sensitive to was the particular climate in Mexico City, which I believe is very unique. The fact that the temperature in November is essentially about 20° C means that it's nearly an indoor climate. And this is a constant throughout the year. It never gets too hot and it never gets too cold. This also reflects itself in the thermal responsibilities of the building; you can be much more loose with the thermal envelope. I was really interested in trying to use the partners, as you call them, this gift of a benign climate, which in Europe we don't have. In London we have such unreliable weather, or even in Madrid when it gets super cold in the winter and super hot in the summer. I found myself in situations where they would say, "But wouldn't it be nice to have a terrace here?" And I would say, "Yeah, no one's going to use it because it's too hot, or it's too cold, or we have mosquitoes, or there's too much dust." Whereas in Mexico, that's not the case, it's fantastic. So you partner with the climate and you partner with the program. In this project, you partner with how a private institution purposefully moves from an out-of-town or peripheral situation into a downtown situation—for very obvious reasons. Because if you leave that haven and move here, you have to re-describe the mission, or at least the way the mission is going to engage [with the public]. And in this case, the building is going to have to help you do that. It's going to have to become the representation of the building and how it relates to the city and how it presents itself merely as a civic building.

HUO: And that's also the dialogue with the citizens, like when we met in Berlin and we talked about your museum in Berlin, you said it was all about the dialogue with the citizens of Berlin. I was wondering, in terms of the context, about the citizens of Mexico City, how do they relate?

DC: You always have two clients: you have the client who pays your bills and you have the clients who use the building or pass the building every day. Those clients don't necessarily have a voice, they're not your direct responsibility, but you have to represent them somehow. If you're building an office building, you have to represent that voice quite carefully, because your client is not particularly interested in it. If you have a client like this, who wants to put a building in the center of the city and wants it to be a cultural center, then the client has the same ambition as you, in terms of the relationship, as it were, to the second client, which is the citizen. What was interesting for me today was to see this room used in this way—it's incredibly rich. I knew that the rooms upstairs would work. We had a lot of work to prove that daylight would work; it's not so easy to do that. But you're playing with static things. This room was, in a way, an imposition that I made on the program, a sort of unnecessary element that got into the project; an unwanted irritation. No normal museum would do this because they would say, "Well, what is it? It's not an auditorium, you don't have acoustic facilities, you don't have a projector booth, it's not an exhibition space because we don't have walls... It has too much light. We don't need it. Why would we pay for that?" But it fitted very much into the idea that Eugenio had for this building. It should be a cultural center; it shouldn't just be a treasure box. The treasure box is upstairs and these two floors have to become a dynamic venue where things can happen. And of course, I knew that those two rooms upstairs would work; one doesn't know whether this [room] works, but I think today everyone saw that, and this goes back to your last question. This is the element of the partnership that is the most difficult: How does a building sit in a city? How does it establish a relationship with a city? Because I don't think buildings are very interesting just as solitary objects that are not interested in the city. I think that our cities are really difficult to respond to. This is not an easy location. It's not a conventional urban setting, it's not like we're on the edge of a square or something. We've got train tracks on one side, we have a very busy road on the other, and a very ill-defined setting. But that doesn't mean you can't somehow try to make sense and give it some order. That's what's interesting about this project, that it is a private institution trying to be a public venue. That's both an incredible gesture, a financial and spiritual gesture, and also I think it's a very interesting architectural and urbanistic challenge.

HUO: It is incredible that it's only the second day. There are infinite possible uses that we cannot even imagine. I suppose that's the case with every museum. However, we have no idea about the future of art, the future generations of artists. I was curious because you didn't start [the design process] with an image, you started with a context, so I was wondering if you could tell us a little bit about the genesis. How you danced through the constraints of the space. There were these different local contextual dimensions you described so beautifully, and it would be great to understand better the genesis of the triangular site and then how you started from there.

DC: My first tendency with an awkward site is to try to make it more square and to make it more regular, until there's a point when you can't, and then you have to absorb it and just let it be. One way of dealing with the site is to break it up into smaller boxes and that was the first project. But Eugenio was very clear at that point, that that was contradictory to the Jumex Collection, to the heritage and the understanding of the Jumex Collection so far, which has always been in a big room. Eugenio was determined that we should make the biggest rooms possible on this site. Not only had I a triangular site, I had a client that was adamant that we should provide the biggest rooms possible. That meant that we had to go to the edges of the site. I couldn't play with them. That meant that we had to accept its triangularity. It also meant that we had to go more vertical, and then you're in the realms of a vertical museum as opposed to a horizontal museum, with all of its problems. It's much easier to wander horizontally through a museum than to keep going up. And I think at that moment there was a realization. There was one other aspect of this, which is the robustness of the landscape around, the urban landscape. This is not such a big building and we were very nervous that it would get lost in this very noisy place. So I was concerned that the building should have a certain singularity and presence. I had the sense that it should be like a house and it should feel like a house, a big house. And that in that same sense, that the transition from one floor to another should be rewarding and should have different qualities.

HUO: The more you go up, there are more and more rewards.

DC: Yes. You've got to keep on going. And when you get up there, you will ask me "What about this roof?" It was partly because I felt that when you get to the roof, you should really feel you're in a loft. You're in a space that you imagined might be at the top of the building. You're not at the last floor thinking, "Are there any more floors?" "Is this the last one?" "Is there one more?" And of course, there are other factors behind this profile that have to do mostly with daylight. It also has to do with geometry because these gallery spaces do have a perspective and every time we looked at any solution for how to bridge this perspective it became really difficult. And all of a sudden, we came to a room that just focused towards the far wall. It became too important. So we found that this vault that cut across the other disguised it. I mean that you don't read that diagonal perspectival quality so much. So that's how that happened. But the biggest story is that we really wanted to create these two museums on top of each other. The static museum, the rooms where you go and look at work and you're thinking about what you're looking at, and you are in a sort of solitary moment...

HUO: You're in a room.

DC: You're in a room, and for me, that's the only way of looking at art. It doesn't tell you what type of room you could be in because there are lots of versions of rooms, but you're in a room looking at artwork. That used to be the only concern of a museum. But now, museums are cultural centers, they're leisure destinations, tourist destinations.

HUO: The doorbell... Yesterday you were telling this story about the doorbell. Which museum was that?

DC: Well, we restored the Neues Museum in Berlin, which was built in the beginning of the nineteenth century, and there's a doorbell. You used to go to a museum and ring the bell and someone would open the door and take your coat. I think it's quite a nice idea! We have to think about another relationship with an audience. We have to think about another audience, of course. So how do you introduce that element? In my opinion, we've seen in architecture—in museum architecture—a bit too much contamination of the gesture entering into the art space. I think what we wanted to do here was to protect the art space and then use these two floors as the interactive and dynamic elements—the places that provided a dynamic program as opposed to a static program. A place where you meet, you can even just go for a coffee or go to a bookshop, or you go to a lecture or you go to the cinema, etcetera.

HUO: And then there's obviously this idea that the building has a skirt. The windows are around it, and also, there is this aspect that lets it go above the traffic. I'm trying to understand the genesis of it because, very often, I speak to architects and they tell me this story: They go and see the site, then they look at the site again, they go to the hotel, they make a sketch, and then it's built. And I think that with you it's different. There's probably only one image and then it's being built. But I was wondering if drawing plays a role in all of it. I'm not an architect so I'm very curious to understand how an idea is born and how it evolves.

DC: We use physical models a lot. We use 1:50 or 1:30 scale models. That means that in our office we have a model of this building. That means that you can start to see into it. It's like a doll's house. You can see inside space and outside form and relate what you do inside to what happens on the outside. So we go through iterations and physical models a lot and that's our working method. We use working models, not presentation models. They are robust enough that you can cut a hole in them, you can play around, you can stick things on them. And that's how this project evolved.

HUO: I was also very curious about the context and about how you work. I was curious about the quality, the craft, because the building has amazing quality. You can see it in the details. It's stunning and that's obviously something which a lot of nineteenth century museums have. I grew up in Switzerland where you run into a lot of nineteenth century museums. They age so well. And as Maurizio Cattelan once told me, "Time is the best editor." And obviously, now we have new museums that after five, or ten, or fifteen years, look quite old. So you've often insisted on this dimension of craft. You've had conversations with Richard Sennett about that. So I'm curious if you could tell us a little bit about that aspect of the quality of craft and how in different contexts you succeed in finding this.

DC: I would say that outside of Switzerland, maybe in Japan and to some degree in Germany and Austria, we've lost confidence in the idea that you can build. It no longer comes naturally. In order to produce quality, you have to exaggerate sometimes. It's an exaggeration to produce physical built quality. The market and the system deliver reliability and risk-free architecture. That is, in order to take away the risk and make sure it's reliable, you experiment as little as possible and you use technologies that are very tested and assembled. So you stop making things on-site, or you don't risk the idea of fabrication on-site, you don't risk using site craft. We were not sure what we could get in Mexico City. Of course, we've seen that there are amazing buildings here. You go to the Tamayo Museum and you see concrete done a certain way. I know Teodoro [González de León] hacked his concrete because he was dissatisfied by the quality of flat concrete. It's clear that there's craft in Mexico, as there is craft everywhere. But I think, first of all, we had the fortune of working with Oscar Rodríguez and his team [Taller Abierto de Arquitectura y Urbanismo (TAAU)]. His team put the project together, with my team, of course. We worked very hard, but I think we were really lucky to have a partner who dedicated himself and his office to the day-to-day realization. Secondly, what I found interesting here was the willingness to do things. It's nearly Japanese in Mexico, they don't want to say no. But then you've got to be really careful because you're not sure if they are just saying they can do it because they don't want to say they can't do it, or if they are saying they can do it because they will do it. But it was also really interesting because, if you work in an Anglo-Saxon environment—in the UK or the States—you're working with contractors. The people you talk to don't build, they don't know anything about what they're building; they're managers. They manage that process and they're managing efficiency and they're managing risk. Oh and by the way, there's a building somewhere in there! What was interesting here is that the people that did the stone—the father and the son—were on site. And every time I came, they were here. They were talking with Oscar's team about how to lay the stone, they were coming up with ideas. One story about the stone is extraordinary. One of the problems when you cut stone like this and put it on the façade, if you're not careful, is that you get a checkerboard. These stone workers were willing to take a block, cut it, fold it—actually, I think they folded it twice—so that there is a sort of sedimentary quality to the façade. I mean, you get variation but it's happening in layers so it's nearly like the stone. Now, to have people who are willing to do that and actually build the building... Most times you don't meet the builders. The contractor that did the metal work and all the window frames, he was here all the time. You have a feeling that the people that built the building were here all the time and that they were interested in building the building. You don't get that in an Anglo-Saxon commercial environment anymore. Of course I think there are risks in it, but if you are dedicated, as Oscar and his team were, and engage with the personalities and the characters who put the building together, then the collaboration... It's what I always talk about, how architecture is a collaborative thing. It's completely different to being a painter or a sculptor. In any work like this, there are hundreds of people that work in the process. And it only works if that collaboration is going in the right direction. That impressed me enormously here. We got quality by the engagement of the people that felt very much that they were building the building. The stonework, the steel work, the quality of the concrete—I don't think we would get much better in Switzerland.

HUO: It's very exciting. Also, quality not only in terms of the material, but quality also in terms of the "front stage" and "back stage." I remember when I went for the first time to The Menil [Collection] in Houston. I was a student and I visited Walter Hopps there. He showed me around and I was incredibly stunned by how there wasn't that discrepancy which you often have in museums, where public areas are so beautiful and then when you go to the offices or you go backstage it's much less beautiful. Here, something which struck me yesterday, is that the offices are absolutely gorgeous, and the garage—all of these aspects which are important. Can you talk a little bit about this? There doesn't seem to be a discrepancy. The "front of the house" and the "back of the house" are equally respectfully treated.

DC: When I went to The Menil, I was impressed that the backstage was like the front stage. The Menil is one of the influences of that whole concept. It's very depressing when you go around certain museums and you go through a door and all of a sudden everyone's working in terrible conditions. I have to say, again, that this is a credit to the client. The client wanted the highest quality all the way to the garage, all the way to the storage areas. It's immaculately planned. It's a commitment. There was not one moment in this project where the client wanted to value-engineer the quality of the building. Not one moment. Not even in terms of the performance of the building, of what the building can do technically. That's pretty unique! That's a dedication to quality, and understanding that quality isn't just image, it's about a consistent idea, all the way to the back of the house.

HUO: Another thing that is related to the context is light, and I thought we should talk about light. Light is obviously essential to museums. We had a chat about this yesterday and I thought it was fascinating when you talked about the difference between museums in the U.S. that have this tendency to light work, and the European tradition to light a room. For me, growing up in Switzerland, it was never the work that was lit, it was always the room. The light is about the room. You're obviously much more in that European tradition of lighting. I wanted you to tell us a little bit more about the light here, the Mexican light, the way you work here with light. I just went to Margate and it's just fascinating, for those of you who haven't been to Margate, I really urge you to go there.

DC: Anyone not been to Margate?

HUO: The building [Turner Contemporary] is a real catalyst for change there now. There is a whole new art scene in Margate because rent is so incredibly cheap and many artists from London—because of the impact of the museum—are now moving there and there is a whole series of artists' studios, and so on. But obviously, one of the key elements is the way the building captures daylight. I think it was Turner who once said that Margate...

DC: ...has the loveliest skies in Europe.

HUO: I was just wondering, from Margate to Mexico, if you could tell us a little bit about the light here, because if one suddenly has this amazing experience with the top room, it's all about light.

DC: "From Margate to Mexico", that's going to be the title of my next book! Light is the thing that keeps us in touch with nature. In terms of conservation, it's the enemy of the museum. I've been in museums where they absolutely won't have daylight. They just don't want daylight. And you know that as soon as you put a window in there, they're going to block it out the first day that you leave. There's no doubt that daylight is really unreliable. Also, the quantity of light that we get up there; potentially we could get 300,000 watts. We want about 600 or 700 maximum. That's like having a swimming pool on top of you and you actually want a glass of water and you've got to try to work out how to get a glass of water out of it. If you drill a hole, does the whole thing come down? Actually, in a way it's even worse because the swimming pool changes size, it's changing the amount of light. Look at it now. So how can you get the right amount of daylight out of that? Getting rid of the sun is not a big issue, you can get rid of the sun, you can get rid of ultraviolet, you can get rid of all those things which are the enemies of the curator, and more importantly the conservator—because all the curator is doing is reflecting the anxieties of the conservator. I think most curators would agree that work, most work, looks best in daylight. There's been an enormous change in recent years. In the 1960s, all attempts to use daylight in museums were trying to get consistency out of daylight; therefore they were trying to artificially and mechanically recalibrate it. It's like having a photo lens, continuously recalibrating to let the right amount of light into your room. It's impossible because this machine is just moving all the time and it breaks. So then it gives every museum the justification to say, we don't want all that stuff, we can do without daylight. Renzo Piano was—I think—the protagonist of daylight in the U.S. The Menil Collection was first and then every other museum in the States. But he did bring daylight to the U.S. As you say, there's an added dimension to that, which is a philosophical idea. In the States, you light paintings individually, and it was always explained to me that that's because a lot of the work in American museums is given by people. So when they walk into the museum, and they look for the painting they donated, they immediately go to the director and say, "My painting is not lit well enough." So every painting has to be lit to make sure that the donor who has given it is happy. That's an anecdote, and I'm not sure how much truth there is in it, but certainly there is a point. It makes life very easy for the paintings and for everybody else. I think it's not great for the visitor. I don't think it's great for paintings either. Clearly there are certain paintings and drawings and photographic work that is so sensitive that you can't... There is a philosophical element, but I think there is also growing patience and interest in the idea that light is unreliable and maybe that could be slightly included in the museum environment. We just did a museum in St. Louis where we convinced them to use daylight, and when the cloud comes past, the light changes and you see the paintings in another way. And I think there's something about fading light. It's very nice to go in a museum just as the light is fading, before they've turned the artificial lights on. I think it's a very important thing. So as an architect, there's one definition of a room, it's just a space with a window in it. A space without a window is not a room, architecturally. So it's quite difficult, as an architect, to conceive of rooms without some connection to the outside.

HUO: We talked a lot about the present, about this building here. Also, we talked a lot about your beginnings. One of the things I felt would be interesting to talk about is one or two of your other museum projects, which somehow are very different. The Neues Museum started from something that was there. It starts with this idea that we invent the future with writings from the past. I was wondering if you could talk a little bit about this process. With the Neues you created an amazing discussion in Germany, which was a truly public discussion. For years and years and years, every day in the newspaper there was a lot of discussion about the museum. Can you tell us a little bit about that discussion?

DC: Well, let me just give you some background information. The Neues Museum was the Egyptian museum. It was part of a complex of museums in Berlin known as the Museum Island. Architecturally, the most famous building is the Altes Museum by [Karl Friedrich] Schinkel. In terms of tourism, probably the most famous is the Pergamon Museum by [Alfred] Messel. And this complex of buildings was bombed in the war. They were all restored, except one building, the Neues Museum. It remained a ruin for sixty years. I won the competition to rebuild it in some way, and my concern was that I shouldn't lose the physicality that this ruin had achieved through its second life as a ruin. It had become comfortable as a ruin. Strangely, architecture sometimes shows itself very well in ruin form, that's why Greece and Rome have been so inspirational. You become fascinated in why ruins are so powerful. I think it is because ruins are architecture at its most basic. It is where architecture shows its physicality. It is one of those places where the hairs on your arms stand up because you feel the power of architecture, even though it has been ruined. And you can't say that about many buildings that get built nowadays. You can't say that the physicality of the place is moving. So I was very interested in that dimension. It was a fascinating process. I was very nervous at the beginning. In fact, my wife said, "You know, this is just a restoration project. You are not going to spend ten years doing that. Is it that interesting? Isn't it going to be a mundane project?" And I wasn't sure that she wasn't right. But we set a certain idea, which was, as you said, very controversial. What was very interesting about that controversy was that everybody in Berlin had an opinion. Maybe everybody in Germany had an opinion and wasn't too shy to express it. And my German friends kept saying, "We feel so sorry for you, everyone's on your back." And I said, "Well, we're always complaining that no one's interested in architecture, so when they are, you can't really cry wolf." And I found it really interesting. The dialogue between architects and society is a very dysfunctional one and it's mediated through the most peculiar channels. It's a crude language of greedy developers, egotistical architects, disenfranchised citizens and the dialogue never gets very sophisticated. I think it's the profession's fault as well. So what I found very interesting in this highly animated and articulate dialogue about architecture, was that you had to engage it, and once you engaged it, it was very rewarding because all of a sudden you had an audience. The problem, most times, is that you deliver architecture in a vacuum or in an atmosphere of great resistance against planners. It's a sort of fight. All the architects I know believe that when they get up in the morning, they are doing more than just fulfilling business responsibilities. They believe that what they do in their work has the potential to improve things. And yet society tends to be highly suspicious of our motives. So we think we are working for society, and society doesn't trust us. That dialogue is something that is very critical for us to be able to deliver good architecture, because when there is no trust, it is very difficult to work.

HUO: That is also very connected to the topic of your Venice Biennale, because the building project was so much about this idea of finding common things or finding common ground. But that would be a whole other interview. We spoke about Berlin, where you revisited an existing structure. It was about the past, and connecting the past with the future. You have also worked on a completely different type of museum, the Wakefield. And there is another quite recent building of yours, the Barbara Hepworth Museum, which as opposed to this building that is vertical, is completely horizontal. So in terms of what you described so wonderfully today about bringing out the best in all sides, here you had a very difficult triangular constraint, and you made it into something amazing, which can then lead to so many different results. At the Wakefield, the constraint was very different. It was a horizontal constraint. I thought it would be nice to complete the picture of your methodology, if you could tell us a little bit about the Wakefield and how from that river bend, this pavilion building emerged.

DC: One of the problems of architectural patronage, and certainly the patronage of cultural institutions—and that brings us back to this building—revolves around *who* patronizes culture. In the art world, there is constant discussion regarding subsidy, and if it helps. It's an interesting condition in England. The young generation of Damien Hirst and Tracey Emin—they are Thatcher's children. I mean they are all products of a culture that really tried to suggest that there was no such thing as society. So, paradoxically, the lack of support created certain energy. A struggle can be quite convenient, drive a lot of creative force. It's not very easy for architecture because struggle doesn't deliver buildings; it might deliver thoughts, it might deliver ideas, it might deliver works of art, but it doesn't deliver architecture. Therefore, there has to be an alliance with power somehow. There has to be an alliance with patronage. And we are moving from a patronage of the state to a patronage of the market. Different countries have moved in different routes. In your country, Switzerland, it's still a social democracy. The Swiss do believe that the state should provide culture, should pay for that culture. We've built the Kunsthaus in Zurich and although it's propped up by big gestures, generous gestures from the private sector, there's some idea that the state is somehow in charge of this. If you go to the U.S., that concept has nearly disappeared, and therefore museums have to be paid for by the private system. The private citizen acting in the community is paying back this bond between someone who's had an advantage and someone who hasn't. When I worked in St. Louis I found it very elegant that people were giving very serious amounts of money. They were real citizens who felt that they were enriching St. Louis. Those are the two extremes: Switzerland on the one hand and the U.S. on the other. England is a no man's land because we're not used to the idea of patronage, we don't have rich clients—certainly not in Yorkshire—who are going to put millions of pounds into a museum. And since Margaret Thatcher we've lost the idea that the state is responsible for culture. I think this is going to be an important theme, more and more, and that is what this building is. This building is the generous patronage of a family and a company contributing in a civic way to society. And the line between private and public in an institution like this becomes quite blurred. It becomes very interesting. It's certainly going to be a reality check going back to Wakefield! Delivering a public building with public funds is nearly impossible now; certainly in England, and increasingly so in Central Europe.

HUO: We spoke a lot about different types of museums, and for all of these museums, we've discussed this idea of "making public." You've mentioned this idea of the private institution, with a truly civic idea of bringing art for all. It is the case here, which is a museum for everyone. But at the same time, we spoke of more state-based museums. But then there are obviously all these other experiences of art. I said the last question was a rather personal question, which has to do with how we see art at home. I'm very fascinated about your own museum, your apartment. I was fascinated by these extraordinary vitrines in your home. There are collections of objects, amazing ceramics and design objects. It really is your personal museum. Is it too personal or can you tell us about it?

DC: It's a vitrine and it's a personal *wunderkammer* for the family. It includes things we buy on our trips. I know there's a Mexican catapult in there somewhere. I think it came when we moved houses. There was a sense that we had too much clutter and therefore we had to get rid of it. And then we realized that we couldn't get rid of it all, and if you put it in a cupboard, you never see it again. So we put all of our books and other belongings, even kitchen things, in glass cupboards. Then, all of a sudden, you find yourself curating everything.

HUO: I also saw an amazing Italian designer…

DC: Gio Ponti. I also collect bowls, bowls that you eat from. I went to China and Japan and Korea a lot, and I was fascinated that in one typology there is so much variation. And the bowl is a human tool. I collect bowls that you hold in your hand. It's a metaphor, I suppose, for what I believe. In design terms, I don't think it's always about coming up with new and spectacular ideas. I think it's about reworking typologies. There is this richness in them all, there's a richness in *normalities*. I think design is about making normal things special rather than making some aspiration to the spectacular.

HUO: I think it's the moment to open up the conversation.

Q: Can you tell me, if any one, any project in your life was fully, 100% satisfaction? And how would you rate this project?

DC: I always say in my office, we should have three aspirations for every project: We should do a good design, we should enjoy it, and we should make money. Try and get me two, at least. Aim for two. So, it should be good fun, it should be a good project, but maybe it doesn't make any money. It makes money, it's a good project, but it wasn't very fun, etcetera. Well, we didn't make any money here. So we got two. It was fun and I think it's a good project! No, I think this was hugely satisfying. I think it's very unusual to have a client that is so supportive and has such a strong vision. I take this room as a real example. I could never have pushed this concept in most museums because it would've come out in value-engineering. They would've said, "Well, what's it about?" "I don't understand what it's for." "It's awkward." We have left Patrick [Charpenel] with a useless, awkward space. But I think we saw today that awkwardness is a sort of provocation. I think it's very unusual. I can't imagine I would have been able to get away with this idea in another project, with another client, in another situation. I sold it based on this idea that the building should find a relationship with the city. And I didn't believe it would find a relationship with the city only through a lobby, and a coffee shop, and a bookshop. Because that's what every museum says: "Oh yeah, we have a coffee shop, we have a bookshop." It needs something more than that. I always call this the vitrine, the showroom. As people are going past, they look up in here, they can see. I mean Patrick's going to do things in here that we don't know yet, but you will see them from outside. You'll see them as you go past. So it's a relationship. And I think Eugenio was seduced by that idea. Most clients don't have that patience, plus many other things. As I've said before, there was never an attempt to reduce anything for quality. In that sense, I have to say this was really a special project.

Q: Just a quick question about the morphology of the museum because, for us, living here in Mexico, the reference is [Diego] Rivera's studio, designed by [Juan] O'Gorman. And I was curious if there was any kind of connection that you could mention.

DC: Well, the north light format is not unique to Rivera but, of course, you can't be in Mexico designing a building without being conscious of that reference. Yes, the root is the same because there are other examples, the [Amédée] Ozenfant studio, and others. In some sense, I think it was the common reference, the idea of the studio. Because, what is an art space and what is a room? And when you make a very big room, which is what we had to do here, the materials you've got to play with are few because it's always going to be built out of white drywall. Here we put a lot of discussion and thought into the floor because that becomes the tangible and physical material of the space. The white wall isn't going to be anything but a white wall. But the physiognomy of the room, having studio-like qualities in the roof, and the studio having, also, some reference to the industrial space, that seemed to me an interesting reference. Also, as I said before, I wanted to reward everybody when they got to the top of this building so they could say, "Oh, wow!" "Now I know why we came up here." It brings us back to this idea of a room without a ceiling, because there is no ceiling. It's a series of planes that, in the same way as the plaza, are about the ground, and it's about trying to reestablish the *terra firma*, it's trying to remake the base. Everything begins from this platform and tries to reestablish the base, even into the public realm, and it slides into the building, so that the floor becomes the most important thing on the ground level. The doors will be open, literally. Because of the climate, we had this idea that the threshold of the building wouldn't be at the door. The first threshold is the step that takes you up, one meter onto the platform. The second threshold is when you go under the skirt and you're out of the rain. And the third, and actually the easiest one, is when you go through the glass. So in the same way, that was about the ground. I wanted the top to be about the air, and light, endless light, and about the sky. We modeled it and modeled it in all sorts of different forms and shapes, and in the end, because of the geometry and because of generosity of this space, this answer felt the best. And as a byproduct we got a silhouette on the outside of the building, which I thought was important in this quite noisy place. This building also had a little bit of a personality, not as something put on top of it but as something which comes out of its spatial structure.

HUO: They asked about O'Gorman and earlier on we had Barragán. You mentioned González de León and the concrete he used. I actually wanted to ask you about another local connection, the Goeritz Museum [El Eco]. You said before, when someone asked you, that there were some influences from that. You were inspired by that. Can you tell us about that?

DC: Well on my first trip here, Víctor Zamudio-Taylor took me to see that little building, which I thought, in its smallness, was distractingly powerful. I just thought this gesture, at the door, and then this passage... I always remembered that door, I thought it was a really a powerful idea, the idea that the open door could become a character. And then this climate, you can leave the door open so therefore you can have an open door. We like the idea of an open door, but actually it's always got to be closed. Yes, that was directly coming from there.

HUO: I've got one very last question, because it's an infinite conversation. I see many young architects here in the audience... Rainer Maria Rilke wrote this little book, *Letters to a Young Poet*, and I was wondering, what would be your advice in 2013 to a young architect?

DC:

Go and look at buildings instead of pictures.

Beatrice Galilee

Simulacro y simbolismo en el México contemporáneo

Llegamos a la ciudad de México a medio día. La silueta de la ciudad está llena de grúas y una nube plana y muda, pesada por el calor y el polvo, se estira a lo ancho del horizonte. Al conducir, cintas brillantes de seguridad flanquean las arterias de la carretera mientras hombres vestidos de colores fluorescentes cargan taladros y trabajan sobre el asfalto, rodeados de una frágil cinta plástica. Una protesta está sucediendo a lado de la calle cerrada. Entre cuarenta y cincuenta personas con letreros y ollas cantan, corean, obstruyen y demandan, mientras nuestro coche frena y se detiene para unirse a una eterna fila de tráfico. El sonido de los protestantes se une a la bulla de cien personas tocando el claxon.

Esta es una ciudad en la que la transformación es necesaria, donde la inestabilidad da paso al progreso. Es un lugar de revolución, en el que la arquitectura está en primer plano. El derecho a protestar, la posibilidad de construir y la habilidad de narrar su propio presente son evidentes en la arquitectura y el diseño urbano a lo largo y ancho de la ciudad de México. La importancia del espacio público y "el derecho a la ciudad" son temas inextricables en cualquier discusión sobre la arquitectura moderna y contemporánea.

Si como sugiere Georg Simmel, las ciudades no son entidades espaciales con consecuencias sociológicas sino entidades sociológicas que se forman de manera espacial, entonces la arquitectura moderna y contemporánea de la ciudad de México que está tan basada en las complejas relaciones de opresión e independencia, es uno de los portales más importantes para entender su historia. Esta historia la puede relatar mejor la generación que vivió la agitación política y que estuvo involucrada en esta búsqueda por una manifestación física de una identidad nacional. Cuando el cambio creado por una nueva sociedad que demandaba hacerse escuchar quedó traducido en un cambio visible.

Fernanda Canales observó en su reciente libro *Arquitectura en México 1900-2010*,[1] que no hay separación entre la voluntad de construir un

---

[1] Fernanda Canales, *Arquitectura en México 1900-2010*, México, Arquine-Fomento Cultural Banamex, 2014.

nuevo país y el proyecto de modernidad en México; los mexicanos, apunta Canales, "están condenados a ser modernos". La meta durante la primera mitad del siglo XX era formar un nuevo México, absorber el modernismo a través del arte y la arquitectura que hablaban un nuevo lenguaje, creando obras claves como el extraordinario y monumental Museo Nacional de Antropología de Pedro Ramírez Vázquez.

A estos proyectos también se les unía la emoción de la metrópolis. Cuando los edificios cívicos integraban el arte contemporáneo al tejido de su ser, desde el enorme proyecto de la Ciudad Universitaria –y su biblioteca envuelta por murales de Juan O'Gorman– a las hazañas de arte e ingeniería que son los toldos y bóvedas de concreto de Félix Candela.

No es necesario ahondar demasiado en los libros de historia para entender que la presencia del arte ha sido siempre parte de la historia del México moderno. Hoy, una nueva generación de arquitectos expande su independencia, crea un nuevo estilo, un nuevo lenguaje, y es en este contexto que encontramos al Museo Jumex alzando la voz.

Nuestro coche se mueve lentamente entre las calles saturadas para llegar a una nueva parte de la ciudad. A un lado de la Plaza Carso, entre torres multireflejantes, David Chipperfield ha construido para esta institución cultural independiente de gran valor (en todos los sentidos) un museo público-privado, un modelo único en México. Como los grandes industrialistas del siglo XIX –particularmente el gran barón del azúcar Henry Tate– la riqueza de los empresarios más sobresalientes se está convirtiendo en colecciones de arte que a su vez se están convirtiendo en importantes espacios culturales.

El Museo Jumex no es un espacio público pero busca serlo. Refleja poco pero representa una imagen de sí mismo que va más allá de su función. Es una manifestación de la internacionalización. Es un edificio que no contiene certidumbres semióticas pero afirma, a través de su forma, ser el lenguaje visual de la estabilidad. Al acercarse a la edificio a pie, aparenta ser una estructura densa y sólida cortada de una sola piedra con una precisión tan exacta como la de un láser. Sin embargo, una de sus características más sobresalientes es el espacio vacío en el primer nivel (expuesto a los elementos) y la plaza pública triangular creada para acoger comisiones de obras públicas. La fachada del edificio así como los pisos interiores están recubiertos de un cálido mármol travertino que se extrajo localmente. Las vetas formadas a lo largo de los siglos fueron alineadas por una combinación de atención al detalle y respeto por el material, creando una obra de delicada precisión y monumentalidad.

El segundo y tercer nivel contienen las galerías de arte. En el primer nivel, una galería con paredes de vidrio, que no tiene función fija, se creó para recibir a una variedad de eventos; y en la planta baja se encuentran una recepción y gran café en espacios que están simultáneamente en el interior y al aire libre y se abren a la ciudad. De igual forma, terrazas presentes en tres de los cuatro niveles superiores, logran que el edificio se lea como una institución abierta. David Chipperfield, al decidir crear una plaza pública así como de incluir una terraza abierta en la planta baja y el primer piso, ha diseñado no conforme a la función o la forma sino que ha incluido y anticipado eventos. Diseñó no para el caos sino para el potencial.

En el arte contemporáneo el evento o lo *performativo* es una de las pocas experiencias no estandarizadas, íntimas y personales que suceden en una galería. Al acercarnos, el hueco en la fachada contenía un enorme volumen con la inscripción "La revolución permanente", título de la puesta en escena de Pedro Reyes, nunca será estable, como tampoco lo será la plaza pública, ya que los curadores planean la rotación de una serie de comisiones temporales, como la primera instalación de Damián Ortega que de manera literal giraba con aros que sostenían objetos cotidianos.

En el interior, la escalera de acero negro es un acto dramático que parece tomar su propia identidad, muy separada de las apagadas paredes, techos y fachada de piedra pálida. Nos habla de una conversación escultural, una que jala al espectador de vuelta a la naturaleza ambulatoria del museo. El acto de subir por las galerías nos remite a otras obras maestras de Chipperfield –al Turner Contemporary en la costa de Margate, la galería Hepworth en Wakefield y el Neues Museum en Berlín. Mientras que el labrar, posicionar, componer y perfeccionar son la naturaleza de una práctica que se dedica al detalle y la proporción, en un edificio donde la luz y la quietud son la moneda más alta, lo que es clave aquí es el entendimiento de la importancia de la experiencia espacial sobre la experiencia visual que está presente en muchos aspectos del arte y la arquitectura contemporánea. Mientras que sus funciones y escalas varían drásticamente, hay una quietud explicita que se encuentra en todas las galerías de Chipperfield, un sentimiento de que la arquitectura retrocede y la luz y el silencio llenan el vacío. Hay pocos arquitectos hoy en día que pueden afirmar su devoción a mantener la misma cantidad de presencia y ausencia. En cultura material y volumen, el Museo Jumex es una construcción maestra. Esa quietud se resalta y subraya al entrar a la galería más alta. Con iluminación cenital e inundada de luz del norte a través de cuatro tragaluces que se encuentran en el techo serrado, el espacio vacío es impresionante y luminoso cuando contiene arte. La forma del techo que está justo del lado correcto de la línea icónica y cae también del lado correcto del historicismo es una referencia a las fábricas y a los estudios como la casa estudio de Frida Kahlo y Diego Rivera, cuyo perfil y logotipo, son su techo de serrado.

Para regresar a la narrativa de la historia de la arquitectura y de los edificios que hablan, es importante notar que en los años ochenta mientras Peter Eisenman, Bernard Tschumi y Daniel Libeskind trataban de convencer al mundo del potencial de los edificios que actúan, que comunican y critican, David Chipperfield no estaba interesado. Su interés y dedicación se concentraban en la permanencia del espacio.

Sería demasiado obvio y poco generoso decir que la práctica de Chipperfield es un programa de intransigencia, pero con vista de este extraño espacio industrial parcialmente público, en esta obstinada, apasionada, bella y excitante ciudad, hay edificios en la cercanía de este museo que no estarán agradecidos del clima envejezca o suavice sus filosos contornos, mientras que el Museo Jumex envejecerá con placer, espontaneidad y gracia.

Beatrice Galilee

Simulacra and symbolism in contemporary Mexico

We arrive in Mexico City in the early afternoon. The skyline is busy with cranes and a flat mute cloud stretches across the horizon, heavy with heat and dust. As we drive, bright roadwork cordons flank the arteries of the highway as men in fluorescent clothing wield drills and work on the tarmac surrounded by flimsy plastic tape. There is a protest taking place adjacent to a closed-down road. Perhaps forty or fifty people with banners and pots are singing, chanting, obstructing and demanding, as our car slows to a halt and joins a queue of endless traffic. The sound of the protesters is peppered by the noise of a hundred car horns blaring.

This is a city where transformation is a necessity, where instability gives way to progress. It is a site of revolution, and architecture is in the foreground. The right to protest, the possibility to build, and the ability to narrate its own present are manifest in architecture and urban design all over Mexico City. The importance of public spaces and "the right to the city" are inextricable from any discussion on modern and contemporary architecture.

If as Georg Simmel suggests, cities are not spatial entities with sociological consequences, but are sociological entities that are formed spatially, then modern and contemporary architecture in Mexico City–which is so rooted in the complex relationships of oppression and independence–is one of the most important portals into reading its history. This history is best told by the generations who lived through the political upheavals and were engaged in the explicit search for the physical manifestation of a national identity. A time when the change created by a new society that demanded to speak and be heard was translated into something visible.

Fernanda Canales observed in her recent book *Mexican Architecture 1900-2010*,[1] that there is no separation between the will to build a new country and the modern project in Mexico: Mexicans, she says, are "condemned to be modern." The goal during the first half of the twentieth century was to shape a new Mexico, to absorb modernism through art and architecture that spoke a new language, creating key

[1] Fernanda Canales, *Mexican Architecture 1900-2010*
(Mexico City: Arquine-Fomento Cultural Banamex, 2014).

works such as Pedro Ramírez Vázquez's extraordinarily monumental Museo Nacional de Antropología.

These projects were also twinned with the thrill of the metropolis. When an era of civic buildings integrated contemporary art into the fabric of their being, from the vast project of the Ciudad Universitaria–and its library enveloped in murals by Juan O'Gorman–to the extraordinary engineering and artistic feats of the concrete canopies and arching forms by Félix Candela.

It is not necessary to delve too deep into the history books to see that the presence of art has always been intrinsic to the story of modern Mexico. Today, a new generation of architects is amplifying their independence, creating a new style, a new language, and it is in this context where we find the Museo Jumex speaking up.

Our car moves thickly through the clogged streets, approaching a new part of the city. Next to Plaza Carso, amid the multi-mirroring office towers, David Chipperfield has built for this highly valuable (in all metrics) independent arts institution a private-public museum, a model that is unique in Mexico. Just as the great industrialists of the nineteenth century–not least the great sugar baron Henry Tate–the wealth of Mexico's greatest businessmen is translating into art collections, which in turn are becoming an important new contribution to the public cultural offer.

The Museo Jumex is not a public space, but yet it seeks to be. It reflects very little but represents an image of itself over and above its function. It is a manifestation of internationalization. This is a building that does not contain semiotic certainties, but still claims–through its form–the visual language of stability. Approaching the building on foot, it appears a dense, solid structure hewn with laser-like precision from a single rock. However, one of its most identifying features is the gaping void on its first floor (open to the elements) and the triangular public plaza that was created for the commission of public works. The building's façade and interior floors are covered with a warm travertine stone that was mined locally. The grains produced during many centuries have been lined up, out of a combination of attention to detail and respect for the material, creating a work of delicate precision and monumentality.

The third and second floors house the art galleries. The first level, an entirely un-programmed glass-enclosed space, was created for a variety of events, and the ground floor lobby and generous shaded café are open to the city, housed in a space that is simultaneously inside and outside. Similarly, terraces on three of the four levels make the building read as an open institution, animating the walls. Under David Chipperfield's direction to provide for an open, un-programmed plaza, and create an open terrace on the ground and first floors, he has designed not according to function or form but in order to include or anticipate events. He has designed not for chaos, but for potential. In contemporary art, the event or the performative is one of the few unstandardized, personal and intimate experiences we concede in the gallery. The gap in the façade, which as we approach is filled with a huge red volume marking "The Permanent Revolution," a theatrical performance by Pedro Reyes, will never be stable as, of course, the image of the public plaza will never be consistent for the curators plan a series of rotating commissions—some of them literally rotating like Damián Ortega's first installation that consisted of concentric rings of moving objects.

Back inside, the black steel stairway is a dramatic move that seems to take on its own identity quite apart from the muted walls, ceilings and façade of pale stone. It speaks to a sculptural conversation, one that ties the viewer back and into the ambulatory nature of the museum. Climbing through the galleries, one is reminded of Chipperfield's other masterworks—the Turner Contemporary on the seashore in Margate, the Hepworth gallery in Wakefield, and the Neues Museum in Berlin. While honing, carving, placing and composing is in the nature of a practice that dedicates itself to detail and proportion, in a building where light and stillness are the highest currency, what is key here is an understanding of the primacy of the spatial experience over the visual experience that is present in many aspects of contemporary art and architecture.

While the tasks and scales vary drastically, there is an explicit stillness that can be found in all of Chipperfield's gallery spaces, a feeling of the architecture receding while light and silence fill the void. There are few architects today who can claim such skill and devotion to have equal amounts of presence and absence. In both material culture and volume, the Museo Jumex is a masterful construction. This stillness is underlined and put into bold type when one enters the topmost gallery. Flood-lit and bathed with north light through four windows in the sawtooth roof, the space is striking when empty and luminous when filled with art. The form of the roof, which is just on the right side of the iconic and also falls on the right side of historicism, is a reference both to factories and studio spaces such as Frida Kahlo and Diego Rivera's house/studio whose profile and logo are its sawtooth roof.

To return to the narrative of architectural history and of buildings that speak, it is worth noting that in the 1980s, while Peter Eisenman, Bernard Tschumi and Daniel Libeskind were trying to impress upon the world the potential of buildings that perform, that communicate and critique, David Chipperfield was uninterested. His concern and dedication was ultimately to the permanence of the space.

It would be too obvious and ungenerous to say Chipperfield's practice is a program of intransigence, but with a view around this strange industrial, part-public space, in this willful, passionate, beautiful and exciting city, there are buildings in the vicinity of this art museum that will not be grateful to the elements for aging them, or softening their sharp contours, while the Museo Jumex will grow old with pleasure, spontaneity and grace.

Dibujos
– Drawings

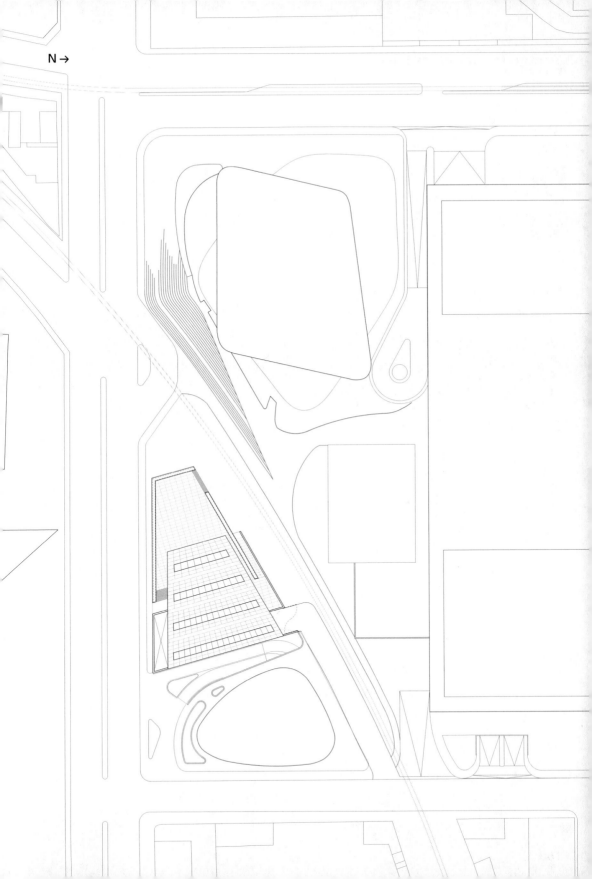

Alzado frontal/Front Elevation

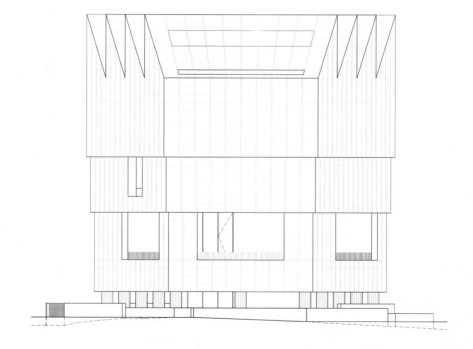

Alzado posterior/Rear elevation

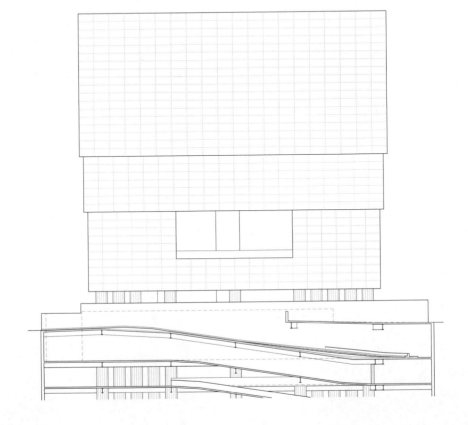

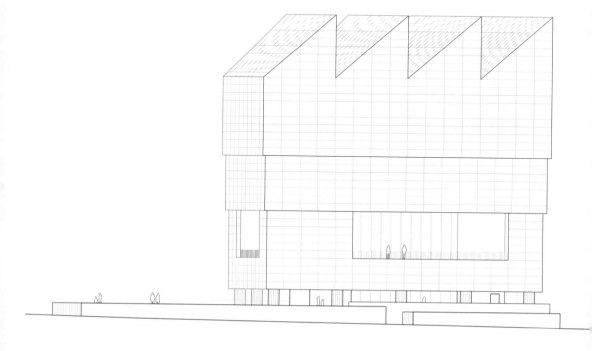

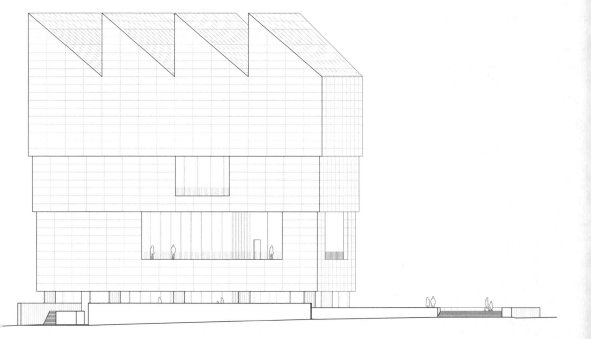

0   5 m

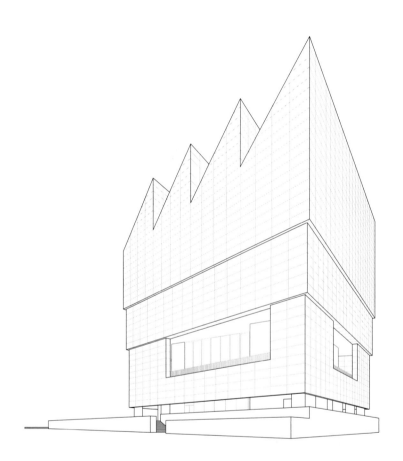

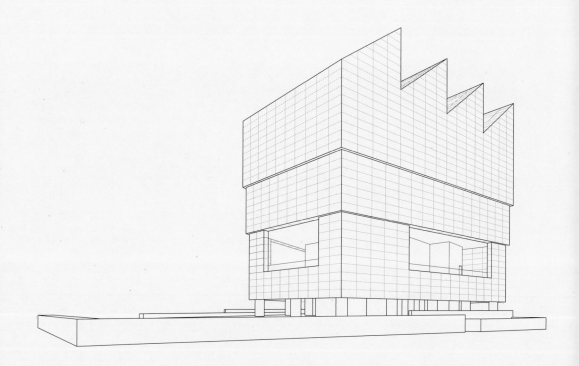

Planta sótano/Basement Floor Plan

Oficinas/Offices
Librería/Bookstore
Baños/Bathrooms
Nivel / Level: -1

Planta tipo sótano/Typical Basement Floor Plan

Estacionamiento/Parking
Nivel/Level: -4, -3, -2

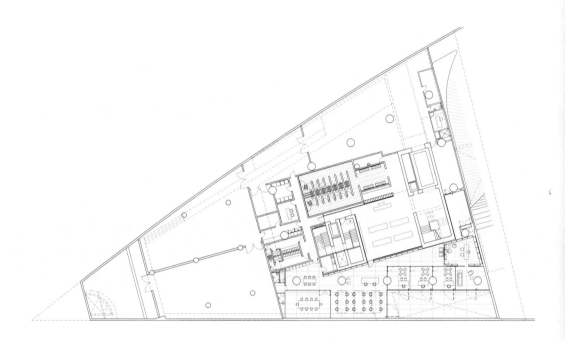

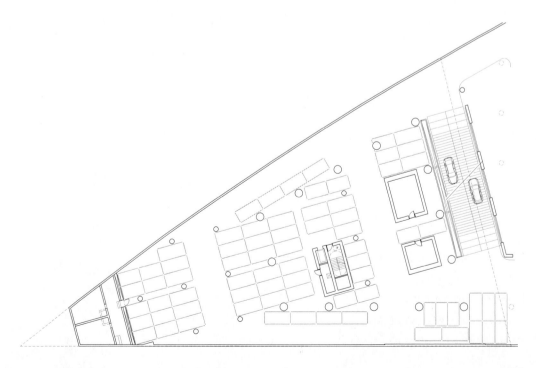

Planta del primer nivel/First Level Floor Plan

Espacio multifuncional/Multipurpose Space

Planta baja/Ground Level Floor Plan

Recepción/Lobby
Cafetería/Cafeteria
Patio/Patio

180

0   10 m

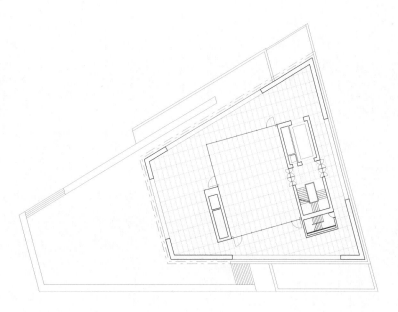

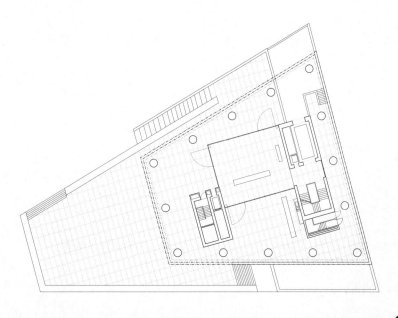

Planta del tercer nivel/Third Level Floor Plan

Galería 3

Planta del segundo nivel/Second Level Floor Plan

Galería 2

0   10 m

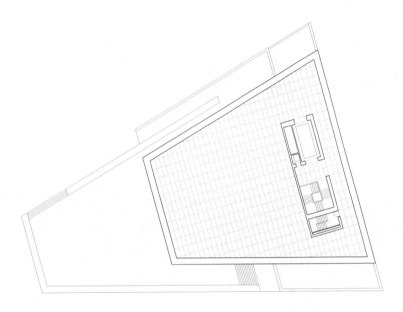

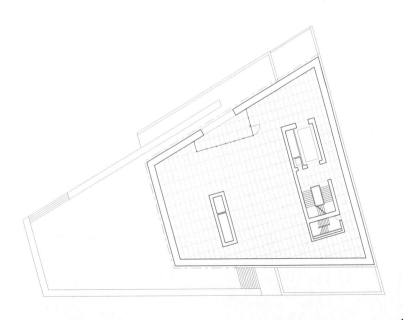

Sección transversal/Transversal Section

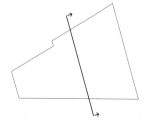

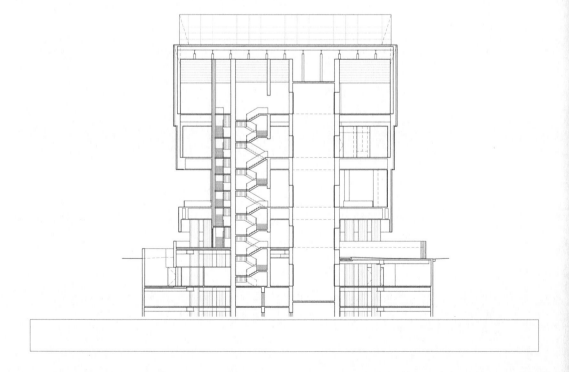

0   10 m

Sección longitudinal/Longitudinal Section

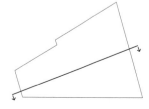

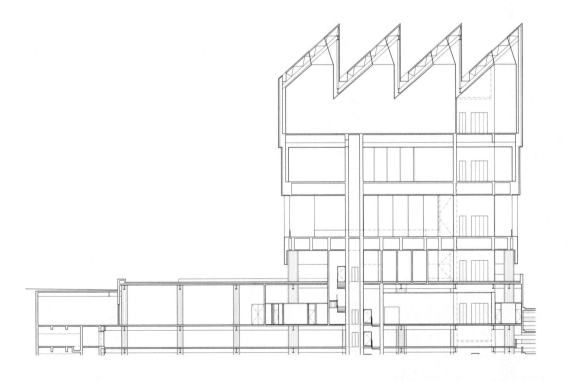

Sección longitudinal/Longitudinal Section

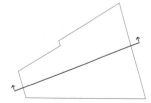

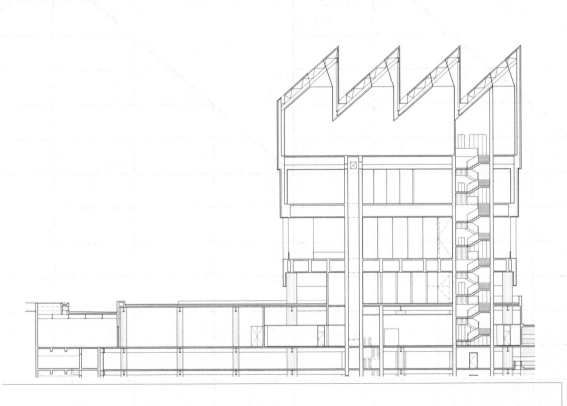

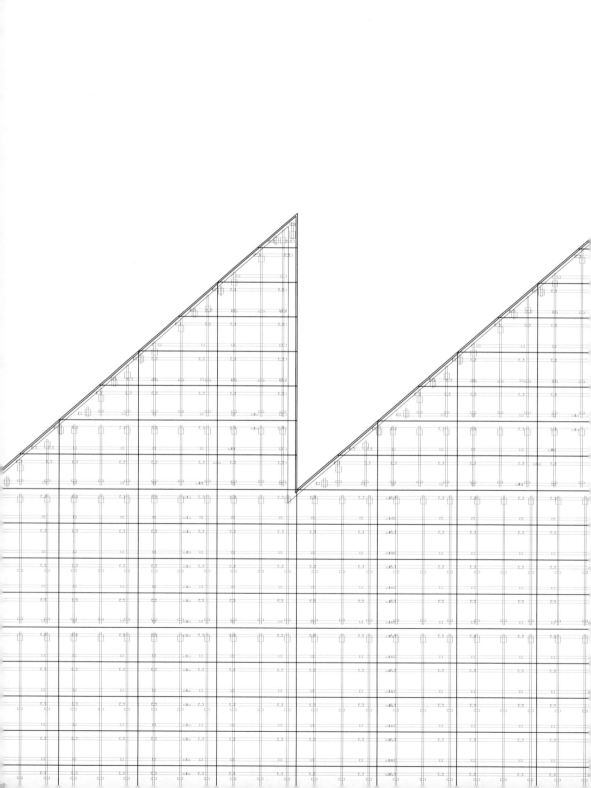

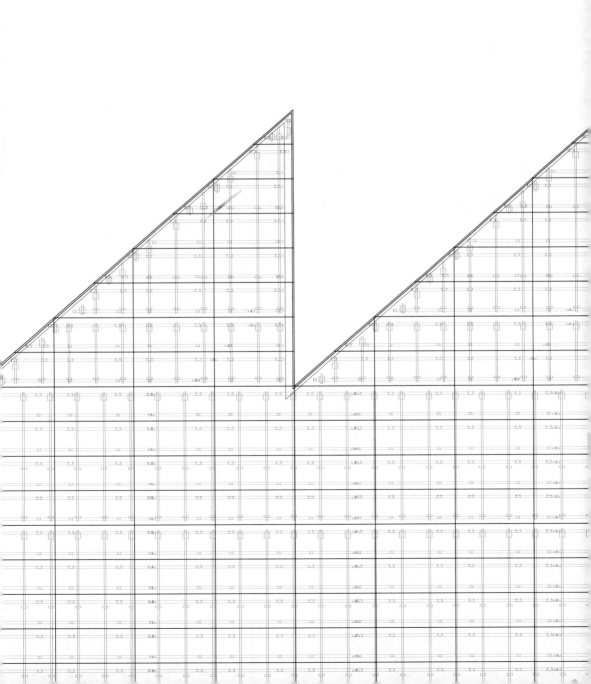

Un corazón disciplinado
Luis Fernández-Galiano

David Chipperfield tiene un corazón disciplinado. Como el casi homónimo personaje de Charles Dickens, se esfuerza tenazmente en templar su sensibilidad con rigor pero a diferencia de David Copperfield, el arquitecto ha disciplinado el corazón desde el comienzo de su *Bildungsroman* profesional. Asociado en sus primeros compases londinenses a la revista y galería de arquitectura *9H* (alojada en los bajos de su estudio y con un nombre que remite a las minas de lápiz más duras), el joven Chipperfield se dio a conocer a mediados de los años ochenta con una tienda para Issey Miyake en Sloane Street que combinaba la sensualidad táctil de los materiales con la depuración disciplinada de su geometría. En aquel momento de fervor historicista y posmoderno, la moda ofrecía un espacio a la disidencia y Chipperfield –que se había formado en la experimental Architectural Association y en los estudios refinadamente tecnológicos de Richard Rogers y Norman Foster– usó la tienda de Miyake como un manifiesto de resistencia miesiana.

Por aquel entonces, sus propios mentores tenían dificultades para ser aceptados en Londres (Rogers daba réplica pública al influyente tradicionalismo del príncipe Carlos, mientras Foster celebraría como un éxito la realización de una pequeña tienda para Katherine Hamnett en Brompton Road, en el mismo barrio de Kensington donde estaba la de Miyake), pero Chipperfield tuvo la fortuna de obtener varios encargos en el Japón de la burbuja inmobiliaria, y durante el tránsito de los ochenta a los noventa construyó tres edificios –el Museo Gotoh en Chiba, la sede de Toyota Auto en Kioto y las oficinas centrales de la Matsumoto Corporation en Okayama– que se sitúan en la estela formal y matérica de Tadao Ando, utilizando el hormigón para expresar la continuidad urbana y arquitectónica entre lo existente y lo nuevo, un rasgo que desde entonces caracterizará testarudamente su trabajo.

Esta fusión templada de tradición e innovación –unida a la influencia del fundamentalismo y la inspiración vernácula de la Tendenza italiana–, se manifiesta ejemplarmente en el Museo Fluvial y de Remo, dos galpones palafíticos al borde del Támesis que evocan los graneros de Oxfordshire con formas,

River and Rowing Museum
[Museo Fluvial y de Remo]
(1989-1997), Henley-on-Thames, RU.

materiales y detalles exquisitamente elementales, cuya terminación en 1997 se vio subrayada por un cúmulo de distinciones y se manifiesta aún más en su propia casa de vacaciones frente al Atlántico gallego, iniciada por esas fechas e igualmente premiada a su culminación, donde las citas amables del maestro portugués Álvaro Siza se integran con naturalidad en el frente marítimo de un pueblo pesquero para conformar un recinto, diminuto en las medidas exactas e infinito en las vistas generosas, que se pone al servicio de la vida familiar junto al océano. Aquel año sería especialmente importante en la trayectoria del arquitecto por su triunfo en el concurso internacional

Neues Museum [Museo Nuevo] (1997-2009), Berlín, Alemania.

para la restauración del Neues Museum de Berlín, un encargo que lo vincularía íntimamente con esa ciudad –donde abriría un despacho más numeroso en efectivos que el de Londres– y con la propia Alemania. Chipperfield ya había construido en Berlín una vivienda unifamiliar de ladrillo que constituía un sofisticado homenaje a las casas Esters y Lange, realizadas por Mies van der Rohe a finales de los años veinte, pero el Neues era un empeño de una dimensión y complejidad enteramente diferentes. Construido por un discípulo de Schinkel en la Museum Insel berlinesa a mediados del siglo XIX y parcialmente destruido durante la Segunda Guerra Mundial, su restauración planteaba problemas metodológicos y políticos –por no hablar de los sentimentales y simbólicos– que Chipperfield abordó recurriendo a las bases disciplinares de la arquitectura, pero también a procedimientos usados hasta entonces sólo en la restauración de obras de arte. Reconstruir un edificio como se restaura un cuadro es ciertamente lento, prolijo y costoso; sin embargo, el éxito unánime de crítica y público que saludó su terminación en 2009 hizo ver claramente que el esfuerzo había merecido la pena: los alemanes habían recuperado una obra emblemática, enriquecida por las huellas del tiempo y las cicatrices de las catástrofes históricas, y el arquitecto había alumbrado un nuevo método para intervenir en el patrimonio, que

ha hecho de éste su proyecto más unánimemente celebrado.
Durante los doce años empleados en el proyecto y la obra del Neues Museum, Chipperfield incrementó su presencia en Alemania con edificios empresariales, como el Centro de Servicios Ernsting, un recinto sólido y liviano con un laconismo casi suizo de hormigón prefabricado; comerciales, como la sutilmente articulada torre de hotel y oficinas Brauhaus en el Hafenfront de Hamburgo; o institucionales, como el Museo de Literatura

Literaturmuseum der Moderne [Museo de Literatura Moderna] (2002-2006), Marbach am Neckar, Alemania.

Moderna en la localidad natal de Schiller, con unos monumentales pórticos que insertan en el paisaje su clasicismo en sordina y cuya admirable adecuación de carácter le harían merecer el premio Stirling. En el mismo Berlín y exactamente enfrente del Neues, al otro lado del canal que limita la Isla de los Museos, el arquitecto ha construido una imponente galería de arte de cálidos

materiales y provocadoramente abstracta composición de fachada, pero la vista desde sus ventanales no es aún la definitiva, porque el propio Chipperfield está construyendo un nuevo frente público del conjunto museístico, con un gran pórtico que corre paralelo al canal y una nueva organización de accesos y servicios: todo ello con el lenguaje depuradamente clasicista del Museo de Literatura, que en Berlín se funde sin solución de continuidad con los grandes edificios pétreos del siglo XIX para formar un paisaje emocionante y disciplinado.

Convertido en un arquitecto global, David Chipperfield ha tenido la oportunidad de construir en Italia, en emplazamientos tan singulares como la laguna veneciana, donde amplía con severos patios y pórticos el paisaje onírico del cementerio histórico de San Michele, o tan difíciles como la periferia de Salerno, donde construye con hormigón prefabricado y agregado de terracota un Palacio de Justicia fragmentado. Su trabajo en Estados Unidos incluye dos obras en Iowa –un cristalino museo de arte al borde del Misisipi (Museo Figge) y una biblioteca

Figge Art Museum [Museo de Arte Figge] (1999-2005), Davenport, Iowa, EUA.

Anchorage Museum at Rasmuson Center [Museo de Anchorage en el Centro Rasmuson] (2003-2009), Anchorage, Alaska, EUA.

pública de planta estrellada que se funde con un parque de la capital Des Moines– y la reflectante ampliación del Museo de Anchorage, que alberga en la capital de Alaska el Centro de Estudios Árticos. Incluso ha construido en China el Museo de la Cultura Liangzhu en Hangzhou, cuatro secos prismas de travertino que guardan las extraordinarias piezas de jade de esta cultura neolítica, y el insólito conjunto residencial Ninetree Village en la misma localidad, un conjunto de bloques de viviendas de lujo sostenidos por una elegante disposición de muros de carga y

Museo de la Cultura Liangzhu (2003-2007), Villa Cultural Liangzhu, Hangzhou, China.

cerrados por una fachada vibrante de listones de madera, que se deslizan adaptándose a la topografía de un pequeño valle rodeado de bosques de bambú.

De este itinerario no ha estado excluida la España de sus vacaciones familiares, donde ha completado obras como las viviendas sociales de Villaverde, una pieza escultórica de aleatorio ritmo musical e intenso cromatismo, que redime lo previsible del programa con su voluntad plástica; la estupenda y escueta remodelación del Paseo del Óvalo en Teruel, con la gran alfombra de piedra y el portón de Corten que conducen a los ascensores empotrados en la escarpa, salvando así la comunicación mecánica entre la estación de ferrocarril en la vega y la ciudad medieval sobre el risco; la colosal Ciudad de la Justicia de Barcelona, que lleva al extremo las ideas de Salerno para componer un formidable bodegón de prismas impávidos donde se combina la regularidad disciplinada de los huecos con el sutil cromatismo arenoso de Morandi; o el edificio Veles e Vents de Valencia, que sirvió de pabellón y tribuna para la Copa América de 2007, y que proyecta sobre el puerto y los veleros una secuencia de bandejas en voladizo de exacta regularidad y blancura mediterránea.

Pero este inglés tan extraterritorial ha acabado también siendo aceptado en su propio país y tras completar el minucioso anonimato industrial de

Gormley Studio (2001-2003),
Kings Cross, London, RU.

las naves para el taller del escultor
Antony Gormley en Londres o
la riqueza espacial aterrazada
del prisma mudo levantado en
Glasgow como sede de la BBC en
Escocia –dos obras significativas
por la relevancia de los clientes, el
privado y el público– llegarían los
reconocimientos: la Royal Academy
en 2008, el título de Sir en 2010 y la
Medalla de Oro del RIBA en 2011, un
año que le vería también culminar
dos pequeños museos asociados
a artistas británicos –el muy
fracturado de Barbara Hepworth

Hepworth Wakefield (2003-2011),
West Yorkshire, RU.

Turner Contemporary (2006-2011), Margate,
Kent, RU.

en Yorkshire y los claros volúmenes
serrados que recuerdan al pintor
William Turner en la costa de Kent–
obtener el premio Mies por el Neues
Museum y ser designado director
de la Bienal de Venecia del año
siguiente. El lápiz de grafito extra
duro ha recorrido un largo camino
y el corazón disciplinado de este
inglés que es ya un poco germánico
y un mucho latino –casado como
está con una argentina cálida y
extrovertida– dirige dos grandes
oficinas en Londres y Berlín con
proyectos por todo el planeta,
practicando una arquitectura
que sabe operar magistralmente
dentro de los límites que impone
la continuidad: la continuidad del
entorno construido, pero también la
continuidad de la vida de la gente.
El Issey Miyake que inspiró el
inicio de este itinerario se propuso
eliminar de la ropa botones y
costuras innecesarios, y recuperar
con los pliegues la naturaleza del
tejido, evitando el estereotipo
–*pleats please*– con la autoparodia;
de similar forma, el Chipperfield
maduro permanece fiel a sus
orígenes, pero no puede evitar
citarse con más distancia que
complacencia. He conversado
con David y su esposa Evelyn
innumerables veces, en Londres y
en Berlín, pero también en Madrid,
Valencia, Galicia o Navarra, en
la Venecia de las bienales o en la
ciudad de México, donde hemos
explorado juntos la herencia de
Luis Barragán o Félix Candela. Allí
inaugura ahora el Museo Jumex, una
obra sobria y exacta que se alimenta

de sus anteriores experiencias en edificios consagrados al arte contemporáneo lo mismo que del fértil patrimonio arquitectónico moderno de México, y muy especialmente del estudio que Juan O'Gorman construyó para Diego Rivera y Frida Kahlo pensando en el que Le Corbusier había levantado en París para su amigo el pintor purista Amédée Ozenfant: una historia de continuidades arquitectónicas a la que David Chipperfield se suma en este siglo con un museo en el que ha puesto su sensibilidad y su rigor al servicio del arte y de la vida.

—

Este texto apareció por primera vez en la publicación *David Chipperfield Architects*, Verlag der Buchhandlung Walter Köenig, Alemania, 2013.

Museum Folkwang
[Museo Folkwang] (2007-2010),
Essen, Alemania.

Saint Louis Art Museum
[Museo de Arte de San Luis]
(2005-2013), San Luis, Misuri, EUA.

A Disciplined Heart

Luis Fernández-Galiano

David Chipperfield has a disciplined heart. Like Charles Dickens's almost homonymous character, he tenaciously encourages himself to temper his sensibility with rigor but, unlike David Copperfield, the architect has disciplined his heart since the beginning of his professional *Bildungsroman*. The young Chipperfield's first steps in London were related to the architecture gallery and magazine *9H* (located in his own office's basement and whose name refers to the hardest of hard lead pencils), and he made himself known by the mid 1980s with a boutique for Issey Miyake on Sloane Street, which combined the tactile sensuality of materials with the disciplined refinement of geometry. At that moment of postmodern and historicist fervor, fashion offered space for dissent and Chipperfield—who studied at the experimental Architectural Association, and trained at Richard Rogers's and Norman Foster's technologically refined offices—used Miyake's shop as a manifesto for Miesian resistance.

At that time, his own mentors had difficulty in being accepted in London (Rogers replied publicly to Prince Charles's influential traditionalism, and Foster celebrated as a success the delivery of a small store for Katherine Hamnett on Brompton Road in Kensington, the same borough where Miyake's boutique was located), but Chipperfield was fortunate to obtain a number of projects during the Japanese real estate bubble. There, in the transition from the 1980s to the 1990s, he erected three buildings, the Gotoh Private Museum in Chiba, the Toyota Auto Building in Kyoto and the Matsumoto Corporation Headquarters in Okayama. All of them followed Tadao Ando's material and formal trail, using concrete to express the urban and architectural continuity between the new and the old; a characteristic that has stubbornly remained in his work since then.

This temperate fusion of tradition and innovation—in conjunction with fundamentalist influences and inspiration drawn from Tendenza's vernacular sources—is clearly expressed in the River and Rowing Museum, two boathouses on stilts sitting on the bank of the Thames, recalling traditional Oxfordshire barns in their exquisitely elementary forms, materials and detailing, whose completion was marked by a whole series of awards.

However, this fusion of tradition and innovation is more clearly revealed in his own vacation home that sits in front of the Galician Atlantic, a project that began around the same time and was likewise awarded when it was finished. Its design, with friendly nods to Portuguese master Álvaro Siza, naturally fuses with the seafront of a small fishing village to create an enclosure, tiny in its exact dimensions and infinite in its generous views, that stands at the service of family life by the ocean. That year, 1997, was to be decisive in the architect's career, as it was the year when he won the international competition for the restoration of the Neues Museum in Berlin; a commission which would definitely bind him to the city (the architect's office in Berlin has more employees than the one in London) and to Germany.

Chipperfield had already built a single-family brick house in Berlin, actually a sophisticated tribute to Mies van der Rohe's Lange and Esters houses of the late 1920s, but the Neues meant an undertaking of a completely different scale and complexity. Originally built in the mid-nineteenth century on the Museum Island by one of Schinkel's disciples, and partially destroyed during WWII, its restoration posed methodological and political problems—not to mention the sentimental and symbolic ones— which Chipperfield addressed by making use of architecture's disciplinary tools, but also of technical procedures applied until then only to the restoration of artworks. To reconstruct a building using painting restoration techniques is certainly slow, meticulous and costly. Nevertheless, when it was finished in 2009, the unanimous acclaim by the public and the critics clearly showed that it was well worth the effort:

the Germans had recovered an emblematic building, enriched by the traces of time and the scars of historical disasters, and the architect had figured out a new method to intervene on historical heritage, making this the architect's most unanimously celebrated project.

During the twelve years he spent working on the Neues Museum's project and construction, Chipperfield increased his presence in Germany with corporate, retail and institutional buildings like the Ernsting Service Centre, a both solid and light enclosure in precast concrete of Swiss-like terseness; the Brauhaus hotel and office building, a subtly articulated tower in Hamburg's Hafenfront; and the Museum of Modern Literature in Marbach, the birthplace of Friedrich Schiller, whose monumental porticoes insert an image of abstract classicism in the landscape and whose remarkable adequacy of character made it worthy of the RIBA Stirling Prize. Also in Berlin, and opposite the Neues Museum, right across from the canal surrounding the Museum Island, the architect has built an imposing art gallery, warm in its materials and with a provokingly abstract façade composition, whose views from its large windows are still provisional, since a new public frontage for the museum complex is also being built by Chipperfield. It is called the James Simon Gallery, an elongated piece consisting of a large colonnade along the canal and a new arrangement of entrances and services, whose refined classical language evokes that of the Museum of Modern Literature, and in this case merges seamlessly with the massive stony nineteenth century buildings, shaping a disciplined, moving landscape.

David Chipperfield has turned into a global architect, and has had the opportunity to work in different countries. He has built in Italy, in locations as unique as the Venetian lagoon, where he has extended the romantic landscape of the San Michele historic cemetery by means of severe courtyards and colonnades; and as complex as the periphery of Salerno, where he has erected a fragmented Palace of Justice made of blocks finished in pre-cast concrete panels with terracotta aggregate. His work in the United States includes two projects in Iowa—a vitreous art museum on the banks of the Mississippi River (Figge Art Museum), and a public library in the form of a three-pointed star that blends in with a park in Des Moines, the state's capital—, and the reflecting extension of the Anchorage Museum, which hosts the Arctic Studies Center in Alaska's largest city.

He has even worked in China, where he built the Liangzhu Culture Museum in Hangzhou, four clean prisms in travertine marble that house the extraordinary jade artworks produced by this late Neolithic culture, and the unusual Ninetree Village residential complex, a luxury condominium raised on elegant load-bearing walls—twelve blocks adapted to the undulating topography of the small valley, bordered by a dense bamboo forest, wrapped in a vibrant skin of wooden slats.

This itinerary also includes Spain (location of his family holidays) where he has completed a number of buildings, such as the social housing scheme in the Villaverde district of southern Madrid, a sculptural piece marked by its random musical rhythm and intense coloring that redeems the predictability of the program with its powerful design; the both splendid and succinct refurbishment of the Paseo del Óvalo in Teruel, with the large carpet-like stone strip and the enormous doorway clad in Corten steel leading to the two elevators embedded in the slope, allowing a better connection between the train station in the lower city and the Medieval urban center on the hill; the colossal City of Justice in Barcelona, where he has taken to the extreme the ideas tested in Salerno in order to compose an extraordinary still life of undaunted prisms that combine the disciplined regularity of the openings with Morandi's delicate sandy colors; or the "Veles e Vents" (Sails and Winds) building in Valencia, which served as central pavilion and viewing platform for the 2007 America's Cup, and whose decks, in their Mediterranean whiteness, create a series of cantilevered floor slabs of exact regularity over the port and the sailing boats.

Nevertheless, this conspicuously offshore Englishman has also been accepted in his own country. After the completion of the thoroughly industrial and anonymous workshop for the sculptor Antony Gormley in London and the BBC Scotland Headquarters in Glasgow, an outwardly laconic prism with internally stepped spatial richness—both projects significant due to the importance of the clients in the private and the public sectors—the awards and acknowledgments began. In 2008, Chipperfield was made a Member of the Royal Academy, in 2010 received a knighthood, and in 2011 he was awarded the RIBA Gold Medal. The latter was a memorable year due to the accumulation of positive events: the finalization of two small museums, both related to British artists—a fractured construction for the work of sculptor Barbara Hepworth in Yorkshire (The Hepworth Wakefield) and the clear serrated volumes paying tribute to William Turner on the Kent coast (Turner Contemporary); the designation of the Neues Museum as recipient of the Mies van der Rohe Award; and his appointment as curator of the following year's Venice Biennale. This extra hard lead pencil has travelled a long way, and the disciplined heart of this Englishman that is now partly German, and largely Latino (married as he is to a warm and extroverted Argentinian), runs two large offices in London and Berlin, with projects all over the world, practicing the kind of architecture that masterfully operates within the limits imposed by continuity: the continuity of the built environment, and the continuity of people's lives.

Issey Miyake, who inspired the first steps of this itinerary, decided to remove from clothes unnecessary buttons and seams, and rediscover by means of pleats the nature of the different fabrics, turning to self-parody—*pleats please*—to avoid the cliché. Similarly, the mature Chipperfield remains loyal to his roots, but he quotes himself with distance rather than with indulgence. I have had the chance to talk to David and his wife Evelyn on countless occasions, in London and in Berlin, but also in Madrid, Valencia, Galicia and Navarra, in Venice during the Biennale, and in Mexico City, where we have explored together the legacy of Luis Barragán and Félix Candela. Precisely that city has recently seen the opening of the Jumex Museum, an exact and sober building that feeds on his previous experiences with contemporary art galleries, as well as on Mexico's fertile Modern architectural heritage, particularly the atelier built by Juan O'Gorman for Diego Rivera and Frida Kahlo, which resembles the one built in Paris by Le Corbusier for his friend, the Purist painter Amédée Ozenfant. With this museum, David Chipperfield has joined this history of architectural continuity over the century, placing his sensitivity and rigor at the service of art and life.

This text first appeared in *David Chipperfield Architects*, Verlag der Buchhandlung Walter Köenig, Germany, 2013.

DAVID CHIPPERFIELD ARCHITECTS

Desde su inicio en 1985, David Chipperfield Architects (DCA) ha desarrollado un diverso cuerpo de trabajo que incluye proyectos culturales, residenciales, comerciales y de ocio, así como proyectos cívicos y planes maestros. Entre su portafolio de museos y galerías cuenta con colecciones privadas, como el Museo Jumex en la ciudad de México, y con instituciones públicas, como el Neues Museum en Berlín. Tiene oficinas en Londres, Berlín, Milán y Shanghái que trabajan en una gran variedad de proyectos y tipologías.

El trabajo de DCA se caracteriza por una atención meticulosa a los conceptos y detalles de cada proyecto, enfocándose en refinar el diseño para llegar a una solución social, intelectual y arquitectónicamente coherente. El aspecto colaborativo de la arquitectura está al centro de cada uno de sus proyectos.

David Chipperfield Architects ha ganado más de 100 premios y distinciones a nivel internacional incluyendo el RIBA Stirling Prize en 2007 (por el Museo de Literatura Moderna en Marbach, Alemania), así como el premio de Arquitectura Contemporánea Mies Van de Rohe, otorgado por la Unión Europea, y el Deutscher Architekturpreis, en 2011, por el Neues Museum.

Since its foundation in 1985, David Chipperfield Architects has developed a diverse international body of work including cultural, residential, commercial, leisure and civic projects as well as master planning exercises. Within the portfolio of museums and galleries, projects range from private collections such as the Museo Jumex in Mexico City to public institutions such as the revitalized Neues Museum in Berlin. Practices in London, Berlin, Milan and Shanghai contribute to DCA's wide range of projects and typologies.

The practice's work is unified and characterized by meticulous attention to the concept and details of every project, and a relentless focus on refining the design ideas to arrive at a solution which is architecturally, socially, and intellectually coherent. The collaborative aspect of creating architecture is at the heart of every single project from inception to completion.

David Chipperfield Architects has won more than 100 international awards and citations for design excellence, including the RIBA Stirling Prize in 2007 (for the Museum of Modern Literature in Marbach, Germany), and the European Union Prize for Contemporary Architecture—Mies van der Rohe Award, and the Deutscher Architekturpreis in 2011 (both for the Neues Museum).

TAAU ARQUITECTOS

Taller Abierto de Arquitectura y Urbanismo es un estudio y consultoría de arquitectura y urbanismo, fundado en 2004, enfocado en el diseño y desarrollo integral de proyectos en diversas escalas. En 2006 obtuvo el Premio Estatal de Vivienda del Estado de Chihuahua y el primer premio en el concurso para el Plan Maestro de la Ciudad de las Artes y Teatro Metropolitano de Querétaro, en colaboración con Teodoro González de León.

Founded in 2004, Taller Abierto de Arquitectura y Urbanismo is an architecture and urbanism practice focused on the design and development of a wide range of projects of varying scales. In 2006, TAAU won the State of Chihuahua's Housing Award, and in collaboration with Teodoro González de León, was awarded the first prize for the Master Plan of the City of Culture and Metropolitan Theatre in Querétaro.

MIQUEL ADRIÀ

Miquel Adrià es arquitecto y crítico de arquitectura. Fue curador del pabellón de México en la XIII Bienal de Arquitectura de Venecia, es director de Arquine, autor de una treintena de libros sobre arquitectura mexicana moderna y contemporánea y miembro del Sistema Nacional de Creadores de Arte (Fondo Nacional para la Cultura y las Artes) desde el 2012.

Miquel Adrià is an architect and architecture critic. He was the curator of Mexico's pavilion at the 13th Venice Architecture Biennale, is director of Arquine, author of more than thirty books on modern and contemporary Mexican architecture and a member of the National Fund for Culture and the Arts´ National System of Art Creators since 2012.

IWAN BAAN

El fotógrafo holandés Iwan Baan es conocido principalmente por sus imágenes que narran la vida y las interacciones que suceden dentro de la arquitectura. Iwan creció en las afueras de Ámsterdam, estudió en la Royal Academy of Art en La Haya y ha trabajado y publicado fotografía documental en Nueva York y Europa.

Dutch photographer Iwan Baan is known primarily for images that narrate the life and interactions that occur within architecture. Born in 1975, Iwan grew up outside Amsterdam, studied at the Royal Academy of Art in The Hague and has worked on and published documentary photography in New York and Europe.

LUIS FERNÁNDEZ-GALIANO

Luis Fernández-Galiano es arquitecto, catedrático de Proyectos en la Escuela Técnica Superior de Arquitectura de la Universidad Politécnica de Madrid, director de las revistas *AV/Arquitectura Viva* y Miembro de Número de la Real Academia de Bellas Artes de San Fernando y de la Real Academia de Doctores. Ha sido Cullinan Professor en Rice University, Franke Fellow en Yale University e investigador visitante en el Centro Getty de Los Ángeles.

Luis Fernández-Galiano is an architect, Professor at the Architecture School of the Universidad Politécnica de Madrid, director of *AV/Arquitectura Viva* magazines and a Member of the Real Academia de Bellas Artes of San Fernando and of the Real Academia de Doctores. He has been the Cullinan Professor at Rice University, a Franke Fellow at Yale University and a visiting researcher at the Getty Center in Los Angeles.

BEATRICE GALILEE

Beatrice Galilee es curadora, escritora, crítica, consultora y conferencista sobre arquitectura contemporánea y diseño. En 2008, recibió el premio IBP al mejor periodista de arquitectura del año por sus textos que se han publicado en un gran número de libros, revistas y periódicos internacionales que incluyen *Domus, Abitare, Architectural Review, Architecture Today, RIBA Journal, Architect's Journal, DAMn, Frame, Wallpaper* y el catálogo de la Serpentine Pavilion. Recientemente fue nombrada curadora asociada de Arquitectura y Diseño del Metropolitan Museum of Art en Nueva York, y anteriormente fue curadora en jefe de la Trienal de Arquitectura de Lisboa, Close, Closer, de 2013.

Beatrice Galilee is a curator, writer, critic, consultant and lecturer in contemporary architecture and design. In 2008, she won the IBP Architectural Journalist of the Year Award for her writing that has been published in a number of international magazines and books as well as daily newspapers, including *Domus, Abitare, Architectural Review, Architecture Today, RIBA Journal, Architect's Journal, DAMn, Frame, Wallpaper*, and the Serpentine Pavilion catalogue. She was recently appointed Associate Curator of Architecture and Design at the Metropolitan Museum of Art in New York, and previously served as the Chief Curator of the 2013 Lisbon Architecture Triennale, Close, Closer.

HANS ULRICH ORBIST

Hans-Ulrich Obrist es crítico, curador e historiador de arte, es codirector de Exposiciones y Programas y Director de Proyectos Internacionales en las Serpentine Galleries en Londres. Es autor de The Interview Project, un extenso proyecto de entrevistas en proceso.

Hans-Ulrich Obrist is an art curator, critic and art historian. He is Co-director of Exhibitions and Programmes, and Director of International Projects at the Serpentine Galleries, London. He is the author of The Interview Project, an extensive ongoing project of interviews.

Créditos de obra / Construction Credits

Lugar / Location: México D.F. / Mexico City
Año / Year: 2009-2013
Cliente / Client: Fundación Jumex Arte Contemporáneo

Proyecto Arquitectónico / Architectural Project:
David Chipperfield Architects
en colaboración con/in collaboration with Taller Abierto
de Arquitectura y Urbanismo (TAAU) / Oscar Rodríguez
Castañeda

David Chipperfield Architects
Principal / Principal: David Chipperfield
Director / Director: Andrew Phillips
Arquitecto de proyecto / Project Architect:
Peter Jurschitzka
Equipo / Team: Jonathan Cohrn, Robert Trent Davies,
Johannes Feder, Christian Felgendreher, Sara Hengsbach,
Peter Jurschitzka, Alessandro Milani, Diana Su

TAAU
Director / Director: Oscar Rodríguez Castañeda
Arquitecto de proyecto / Project Architect:
Alejandro Castañeda
Equipo / Team: Cocoy Arenas, Rubén Ocampo,
Alejandro Rojas, Rafael Sevilla

Consultores / Consultants
**Criterios estructurales y MEP, diseño de iluminación
/ Structural & MEP Criteria, Lighting Design:**
Arup
Luminarias / Luminaries:
H+V Zumtobel
Ingeniería estructural / Structural Engineering:
Alonso Asociados
Ingeniería eléctrica / Electrical Engineering:
Asociados A
Aire acondicionado / Air Conditioning:
Iacsa
Plomería / Plumbing:
GHA
**Instalaciones especiales y automatización /
Building Management System:**
BMS i
**Piezas especiales en madera y acero /
Special Wood and Steel Fabrication:**
KINETICA
Fachadas / Façade:
Soluciones en Piedra Franco
Ingeniería de costos / Value Engineering:
Intercost
Señalética / Signage:
John Morgan Studio

Obra
**Dirección y supervisión de obra / Management and
Supervision of Construction:**
Inpros
Coordinación de proyecto / Project Coordination:
Marité Menéndez y Claudia Gomez de Tudo (Coproy)
Roberto Velázquez (Fundación Jumex Arte Contemporáneo)
Escaleras metálicas / Metal stairwells:
DOASA
Constructor / General Contractor:
Carso Infraestructura y Construcción

Agradecemos el apoyo de nuestros patrocinadores/
We appreciate the support of our sponsors:

Edición a cargo de / Edited by
Fundación Jumex Arte Contemporáneo & Arquine

Textos / Texts
Miquel Adrià, Patrick Charpenel,
Luis Fernández-Galiano, Beatrice Galilee

Conversación / Conversation
David Chipperfield & Hans Ulrich Obrist

**Coordinación editorial
/ Editorial Coordinators**
Natalie Espinosa, Maricris Herrera,
Armando López Carrillo

Diseño / Design
Maricris Herrera

Traducción / Translation
María Cifuentes Ochoa, Carolina Orloff

Edición de planos / Plan Editing
Heriberto Guerrrero, Alexis Nando, Selene Patlán

Lectura de pruebas / Proofreading
Gwennhael Huesca, Fionn Petch

PUBLICADO POR / PUBLISHED BY

Fundación Jumex Arte Contemporáneo
Av. Vía Morelos No. 272
Col. Santa María Tulpetlac
Ecatepec, Estado de México, 55400
www.fundacionjumex.org

Arquine, S.A. de C.V.
Ámsterdam 163 A
Col. Hipódromo
Ciudad de México, 06100
www.arquine.com

Primera edición / First Edition (2014)
Primera reimpresión/ First Reprint (2022)

ISBN 978-607-7784-63-0 Español/Spanish
ISBN 978-607-7784-77-7 Inglés/English

DISTRIBUCIÓN / DISTRIBUTION

Arquine, S.A.de C.V.
www.arquine.com

**Dirección general Arquine/
Arquine's General Director**
Miquel Adrià

**Dirección editorial Arquine/
Arquine's Editorial Director**
Isabel Garcés

**Direccion comercial Arquine /
Arquine's Commercial Director**
Maui Cittadini

Créditos de imágenes / Image Credits

Iwan Baan
5, 7-9, 11-14, 59-68, 78, 85, 87-98, 105-120,
156-157, 193-208, 214 (centro/middle)

Moritz Bernoully
72, 125, 146–149

Richard Bryant/Arcaid
210, 214 (arriba y abajo/top and bottom)

David Chipperfield Architects
2, 55, 80, 82, 122, 167-192

Google Images
56-57

Simon Menges
215 (centro y abajo/middle and bottom)

Christian Richters
212 (derecha/right), 213, 215 (arriba/top)

Ute Szcharnt cortesía de / courtesy of
David Chipperfield Architects
211, 212 (izquierda, arriba y abajo/left, top and
bottom)

Roberto Velázquez
100, 102-103

Agradecimientos /Acknowledgments

Alejandro Alfaro

Armando Albarrán

Javier Alonso

Verónica Anaya

Víctor Carrasco

Ernesto Franco

Emilio Domínguez

Ángel García

Claudia Gómez

Christian Hanning

Armando Jiménez

Omar Lugo

Marité Menéndez

John Morgan

Roberto Morquecho

Ryk Nys

Luis Gabriel Orozco

Alejandro Romay

Roberto Ruiz

Alfonso Salem

Sergio Sánchez

Guillermo Simón

Enrique Tort

José Luis Trillo

Víctor Zamudio-Taylor [†]

Directores de Grupo Jumex / Grupo Jumex Directors

Manuel Vicente Martínez

Miguel Ángel Autrique

José Luis De Baro

Juan Carlos Blanco

José Luis Bush

Eutimio Fernández

José Antonio Fernández

Luis Hurtado

Víctor López

Juan Carlos Molina

Jesús Pedro Nagore

Roberto Parra

Jorge Quirós

Luis Arturo Rojas

Darío Valdés

Adolfo Vargues

Arquine es el medio de difusión de arquitectura más importante en México y América Latina, a través de publicaciones impresas y digitales, así como de conferencias, festivales y congresos. La revista trimestral impresa y en formato digital presenta de manera temática una visión crítica de la arquitectura, el diseño y ámbitos afines. El Congreso Arquine reúne anualmente a las personalidades más importantes de la arquitectura, el urbanismo, el diseño y el arte contemporáneos y desde el 2014 el Festival Internacional de Arquitectura y Ciudad, Mextrópoli, suma a las conferencias talleres y foros de discusión. Con cerca de cien libros publicados, programas de radio, de televisión y un sitio web, Arquine es un conjunto de medios que busca entender y promover la arquitectura en México, Latinoamérica y el mundo.

Arquine is the most important medium for the dissemination of architecture in Mexico and Latin America, with print and digital publications, lectures, festivals and conferences. The quarterly magazine in print and digital formats presents thematic criticism of architecture, design and related fields. The annual Arquine Congress brings together leading personalities in architecture, urbanism, design and contemporary art, and since 2014 the International Festival of Architecture and the City, Mextropoli, combines lectures with workshops and forums for discussion. With almost one hundred books published, radio and television programs and a website, Arquine is a collection of media aimed at understanding and promoting architecture in Mexico, Latin America, and the rest of the world.

FUNDACIÓN JUMEX ARTE CONTEMPORÁNEO es una institución sin fines de lucro dedicada a promover el conocimiento y la reflexión a través del arte y a generar nuevas propuestas de apoyo a la cultura. Esto lo hace a través de: Colección Jumex, el acervo artístico de la fundación; Museo Jumex, un recinto para la exposición y activación del arte contemporáneo; Galería Jumex Ecatepec, un espacio de exhibición experimental; y Editorial Jumex, una plataforma de publicación y divulgación.

FUNDACIÓN JUMEX ARTE CONTEMPORÁNEO
is a non-profit organization dedicated to promote
knowledge and critical thought through art, and to
generate innovative ways to foster art and culture.
This is done through Colección Jumex, the Foundation's
art collection; Museo Jumex, a venue for the exhibition
and activation of contemporary art; Galería Jumex
Ecatepec, an experimental exhibition space; and
Editorial Jumex, a platform for the publication and
dissemination of contemporary art discourse.

Museo Jumex. David Chipperfield Architects se terminó de imprimir en abril de 2022 con un tiraje de 1,500 ejemplares, sobre los papeles IKPP woodfree de 80, 100 y 120 g, y Shirogane Mg de 65 g. Para la formación de textos se usaron las fuentes Avenir Next, Athelas y Times New Roman.

Museo Jumex. David Chipperfield Architects was printed in April 2022 with a print run of 1,500 copies printed on 80, 100 and 120 g IKPP woodfree paper, and 65 g Shirogane Mg paper. The texts were typeset in Avenir Next, Athelas and Times New Roman.